首届全国党员教育培训精品教材

黑纪文 张璐/著

郭明义故事

GUOMINGYI GUSHI

长春出版社
国家一级出版社
全国百佳图书出版单位

图书在版编目（CIP）数据

郭明义故事 / 黑纪文，张璐著. —2 版. —长春：长春出版社，2016.4（2020.1 重印）
ISBN 978—7—5445—2089—8

I. ①郭… II. ①黑… ②张.. III. ①郭明义—先进事迹 IV. ①D263

中国版本图书馆 CIP 数据核字（2012）第 040548 号

郭明义故事

著　　者：黑纪文　张　璐
责任编辑：孙振波
封面设计：尹小光

出版发行：**长春出版社**	总编室电话：0431-88563443
发行部电话：0431-88561180	邮购零售电话：0431-88561177

地　　址：吉林省长春市南关区长春大街 309 号
邮　　编：130041
网　　址：www.cccbs.net
制　　版：长春市大航图文制作有限公司
印　　刷：吉林省良原印业有限公司
经　　销：新华书店
开　　本：710 毫米×1000 毫米　1/16
字　　数：100 千字
印　　张：11
版　　次：2012 年 5 月第 1 版　2016 年 4 月第 2 版
印　　次：2020 年 1 月第 4 次印刷
定　　价：22.00 元

版权所有　盗版必究

如有印装质量问题，请与印厂联系调换　　印厂电话：0431-84553218

序

黑纪文

　　作为电影和话剧《郭明义》的编剧，回想起与郭明义在一起的日子，心里还有许多话要说。因为我感觉到，郭明义的事迹远不是一部电影、一台话剧能够表述完的。

　　英雄让人敬佩，并不完全因他在艰苦环境中的坚强，还有在困境中的乐观。

　　第一次与郭明义见面，是在他工作的齐大山铁矿的最底层。时值隆冬，地表温度降到零下17摄氏度，海拔-150米的露天矿底，比地表温度低5摄氏度，那就是零下20多摄氏度，整个露天矿就是一个4平方公里的大冰窖。我下车不到5分钟，浑身那点热气就荡然无存了。更可怕的是，4平方公里的大铁矿，连个避风的地方也没有。我对郭明义说，你是干部啊，是完全可以坐办公室的公路管理员呀！

　　郭明义吹起哨子，巨型电动轮汽车在他的指挥下，沿着平坦的公路平稳地驶过。郭明义很风趣，他说："我要不是干部，这些大型汽车能服服帖帖地听我指挥吗？"看我冻得发抖，郭明义让我进电铲驾驶室里暖和一会儿。司机师傅告诉我，郭明义每年都要在这个环境里度过4个多月，这样一干就是14年。

都说人往高处走,他的工作却是越干越基层、越干越艰苦。郭明义在鞍钢工作28年,从一个普通的转业军人,自学考上了国家干部,而后当过翻译、党委干事、车间人事工资员,最后定位在了公路管理员的岗位上。

追寻郭明义的心理路径,我找到了两个字:踏实。

在部队,原本想开汽车的他,却被分配到炊事班,当了一个炊事兵。于是,他就踏踏实实地当好这个"伙头军",在炊事班,他洗的菜最干净,他煮的大子粥最可口,他为连队喂的猪长得最快。不是爱开汽车吗?没关系呀,他利用业余时间自修汽车技术,一年后当他回到汽车排时,技术考核得了个第一。让部队首长对他刮目相看,服役5年,连续5年是五好战士。

从部队回到地方,他在齐大山矿当了一名司机,当上团支部书记,他所领导的团支部是鞍钢先进团支部。他爱学习,在别人休息打牌的时候,他学习文化课,考入中央党校,取得了大学学历,成为一名自学成才的国家干部。

从握方向盘到坐机关,从车间普通职员到工作翻译,直至下基层管理公路,郭明义无论在哪个岗位上都扑下心,踏踏实实地干。"踏实"成了他构建人生大厦的基石。

写先进人物,我可以说是个老手了。以往,在采访先进典型过程中,往往会听到一些负面的反应,比如,某某先进典型的人为拔高,某某人物先进事迹的含金量掺假等等。而我在鞍钢期间遇到的被采访者,无论是干部、工人、邻居,还是小饭馆的老板,甚至连出租车司机,一提到郭明义,嘴里说出来的都是一个字——服!

回眸郭明义走过的道路,他所做过的一切好事都可以用"平凡"二字来概括。

论捐款，他比不了那些大款，20年来捐款累计12万，说起来还不如一个大老板一次的捐款额，可是，所有的大款对郭明义无不佩服得五体投地。为什么？因为郭明义捐出的比自己总收入的三分之一还多。

说到物质生活，这是当代人最难战胜自我的实际问题。郭明义几次把自己家的电视机送给别人，从妻子手里"借"钱甚至把午饭钱节省出来，捐助贫困学生。他3次让出住房，一家人至今还住在不足40平方米的单间里，这一点他自己都难自圆其说。在一次座谈会上，面对作家、媒体、领导、亲友的追问，面红耳赤的郭明义说出一句让所有人都瞠目的话：好多人都问我为什么。为什么？党章不是没有改吗？我这么做，不就是按党章做事吗？一个党员按党章做事还用问为什么吗？如果非要问为什么，答案很简单——因为我是共产党员。

在座的领导被他这句掷地有声的话感动了。在市场经济的今天，一些人的核心价值观变了，而郭明义同志还在遵循着党章前行着、实践着。这就是郭明义，一位按党章做事的普通党员。

采访的顺利，出乎我的预料，好像所有的人都想说说他们心目中的郭明义。我在齐大山矿区粉碎车间，找到了郭明义的"发小"李树伟，他与郭明义同龄，同年参军，在同一矿区工作。郭明义的好多事迹都是通过他发掘出来的。采访他，不用启发，他就滔滔不绝，从早晨一直谈到中午，我说请他吃饭，李树伟欣然接受。走进饭店，他对周围的工友说，这是来写郭明义的剧作家，工人听了，端着饭菜围拢过来，主动向我介绍郭明义的事迹。于是，我又多点了几个菜，听他们聊郭明义，就是这次午饭

桌上，我听到郭明义从"郭大傻"到"郭大侠"最后成为"郭大使"的故事。

最初，郭明义悄悄为贫困学生捐款，把自己家的电视偷着送人，事情传开以后，许多工人都说，这个人有毛病，傻。也有人怀疑他的动机。更有人说，他坚持不了几天，最多一两年，他自己就捐不动了。还有人想试试郭明义到底傻到什么程度，找他哭穷，说自己连件像样的工作服都没有，郭明义听了，二话没说，把自己新上身的工作服脱给他，没想到，这个工人把新工作服卖掉喝酒了。事隔半年，郭明义又把一套叠好的新工作服送给那个工人，说你那套衣服又该换了吧？那个工人迎着郭明义真挚的目光，当着他的面，抽了自己两个耳光。说到这儿，一个工人低下了头。他对我说，那个人就是他，他现在已经是郭明义爱心团队的一员了。就是这个人，在郭明义的影响下，也开始参加无偿献血和资助贫困学生的活动。"人心都是肉长的，咱们赶不上老郭，也得差不多吧。"这就是"郭大傻"的感染力。

由于郭明义30多年如一日，坚持不懈地做好事。他每年都能接到上百封来自全国各地的感谢信，有些人接受了他的资助，有些人甚至都没见过他的面。矿区人开始重新审视他的行为，觉得这个人身上有一种仗义的风骨。于是"郭大侠"这个称号取代了"郭大傻"。

当郭明义走上人民大会堂的讲台，面对全国人民畅谈自己学习雷锋的亲身体会时，鞍钢集团已经成立了一个5700多人的"郭明义爱心团队"。郭明义成为"爱心大使"，郭明义的精神成为鞍钢乃至全国的一面旗帜。

郭明义的物质生活是拮据的，可是郭明义的精神生活是充实的。

郭明义这个重大先进典型的出现，不但在广大群众中引起强烈反响，也引起了社会理论家的关注，这样一个重大先进人物的出现，有着其特殊的原因。

首先，他的成长不是偶然的，这与他成长的环境有着直接关系。郭明义的父亲是一个朴实的矿工，20世纪60年代曾经因为抢救落井知青成为著名的工人英雄，曾经接受过周恩来总理的亲切接见。郭明义所服役的部队，是爱民模范刘英俊生前所在的部队，所有这些都对他的成长和进步起着至关重要的作用。

其次，郭明义自身的素质决定了他完善自我的定力。面对世俗的目光、质疑，他依然故我，坚持不渝。当然，郭明义也曾经遇到过一些使自己尴尬和伤心的事，他也曾经动摇过，甚至想放弃，但是，当他权衡自己走过的道路，再三思考自己的选择时，他还是沿着自己认定的道路走了下来。

第三，许多人都关注着郭明义对自己幸福观的界定。在采访中，我几次与郭明义谈到这个话题，我问他，你的住房很小、你的生活很简单、你的经济收入很低，还要资助别人，这就是你的幸福吗？郭明义说，房子的大小能决定住起来舒服不舒服，但是决定不了幸福不幸福；收入高低能决定你物质生活的奢华与简单，但是决定不了你的心情舒畅不舒畅；工作环境优与劣能决定你的条件好与坏，但是不能决定你能否把工作做得优秀。

说到助人为乐，郭明义不想多解释。他说，当你伸出援手帮助别人的同时，你就会产生一种崇高的快乐。说到这里，他像一个介绍自己产品的推销员对我说："你经常试一试，帮助别人确实很快乐。这一点，只有坚持，你才能有更深刻的体会。"

郭明义同志的先进事迹已经在全国深入宣传两年多了，他的

先进事迹在人民群众中产生了重大反响,特别是广大的青年群体。他们对郭明义的事迹,从怀疑到认同,从陌生到敬佩,使学习郭明义的过程成为每个人灵魂被感动和净化的过程。现在,郭明义的"微博"点击率已近800万,而且完全是青年人。郭明义的精神只有深入青年,才能产生强大的社会动力,同时也说明,正气要靠我们去弘扬,青年要靠民族的精神去引导。

目 录

第一篇　好　人 …………………………………………… 1

仁义传家 ………………………………………………… 3
行善有方 ………………………………………………… 7
不忘本分 ………………………………………………… 12
年少义重 ………………………………………………… 16
志在军旅 ………………………………………………… 21
意外"入伙" ……………………………………………… 26
如愿以偿 ………………………………………………… 31
淬炼成钢 ………………………………………………… 36
信仰危机 ………………………………………………… 42
重塑意志 ………………………………………………… 47

第二篇　风雨无阻 ………………………………………… 51

脱颖而出 ………………………………………………… 53
临危不乱 ………………………………………………… 58
事有转机 ………………………………………………… 63
意外机遇 ………………………………………………… 68

国格高贵	73
公私分明	78
筑路深情	83
守望平安	88
侠肝义胆	93

第三篇　大爱无疆 …………………………………… 99

忘我奉献	101
传递希望	106
儿女盈门	111
一腔热血	116
百川汇流	121
万用细胞	125
星火燎原	130
众志成城	135
携爱同行	140
依然故我	145
踏实守望	150

附录　郭明义光荣榜 ……………………………… 156
后　记 ………………………………………………… 161

第一篇　好人

仁义传家

1958年12月,北方大地开始进入最冷的时节。辽宁省鞍山市齐大山铁矿(当时叫樱桃园铁矿)矿工住宅区的一座简易平房内外挤满了人。两间屋子是由大石头堆成的,四面漏风,现在看来已经不足以用"寒酸"来形容,但当时却家家如此,于是男人们纷纷站在外面,用人墙挡住寒风;女人们则忙里忙外进进出出,备好热水、毛巾、婴儿床。大家满怀欣喜地等待着房主郭洪俊和叶景兰的第一个孩子的诞生。

"有难事,找郭家",这是齐大山工人住宅里人尽皆知的"品牌"。如今郭家有了大事,能来帮一把,谁不来呢?

然而人们热心,老天却似乎故意想要给这家远近闻名的好人一个考验。孩子降生万事俱备,东风却刮不起来——接生婆怯场了。

这接生婆不是外人,正是准爸爸郭洪俊的老母亲。在接生行业中,老人家也算方圆十里出了名的"圣手"。半个世纪前,尽管人们还都不富裕,身体素质却不见得比现在坏,最起码生孩子这种事情,除了难产,没人想过花钱去医院剖腹产,于是接生婆这个业余行当就半正式地被保留下来。齐大山矿区上千户家庭,有一半儿的孩子是在老人家手中降生的,这么好的技术和口碑,却偏偏在给自己儿媳妇接生时,破天荒地怯了场。

更糟的是,大家对老人家一贯信任,谁也没有想过准备额外的接生婆,于是现场立刻陷入慌乱。这时一位机灵的主妇明白过来了,一溜烟地跑去医院找大夫。可谁也没料到,矿区医院恰巧也没有多余的人手,只能勉强派来一个实习生——一个金发碧眼、一句中国话都不懂的俄罗斯姑娘。

语言不通,又是新手,恐怕要坏事啊!许多人心里都这么想。但肚里的孩子不等人,随着叶景兰的产前阵痛一阵紧似一阵,赶鸭子上架也得来啊。就在这慌乱的场面中,医生和家属连比划带猜,接生婆一边缓过神一边打下手,孩子终于毫发无伤地平安降生了。

即便在多年以后,叶景兰回忆起当年的场景,都还由衷赞叹那位女医生的美丽和温柔,让她几乎忘了痛苦和紧张。而世间大概真的有宿命,这个在大家热情关心和外国友人鼎力协助下诞生的小生命长大后,真的用千万倍的爱回报了周围的人,还把这种爱带出中国,带向了世界。当然这是后话。

当时,紧张的大伙儿都松了一口气。随后安稳下来,就是考虑给孩子起什么名字了。对此,年轻爸爸郭洪俊心中早就有了谱——就叫"郭明义"吧。

几十年后,当这个名字响彻中华大地的时候,有不少人赞叹它的大气与浪漫,殊不知它的创造者其实是大字不识一斗的文盲。在那个年代,"建国"、"建军"、"卫东"等极富政治色彩的红色名字此起彼伏,唯有这不怎么认字的郭洪俊,大概最有感触的就是这个"义",偏巧在鞍山人的发音中,"日"和"义"是同音,于是"郭明义"就是"郭明日"——老郭家的明天,要像日头一样温暖灿烂,都重情重义,语带双关,多好哇!

而且"义"也确实是郭家人世代认在心里的字。但什么是义？郭家人没那么多文化，说不清楚。

在郭洪俊心里，"义"就是"仗义"：能帮十分的绝不藏着半点。他这人仗义到什么程度？那个时代物资贫乏，很多人家到了月底经常断粮，于是就总有人厚着脸皮拿着瓢到他家米缸里舀，美其名曰"借"，却从未见还过。郭洪俊非但不恼，反而一见有人上门，就把人家瓢抢了过去，自己动手去米缸里舀，直舀到来人羞愧难当，连喊"够了，够了"，最后冲上来把瓢抢回去为止。要知道，五十几年前的时候，买东西还是供应制，意思就是即便有钱购买也不行，供应社不卖，必须有票，买一斤米，要给一斤米的钱和一斤米的票。没票，那就只能靠自己家另想办法，公家爱莫能助。老郭家本来人口多，劳动力多，钱和票也就多，可正因为郭洪俊为人仗义，结果每个月底都成了最先揭不开锅的那个。

郭洪俊这叫"以德服人"。他揭不开锅并不是因为没本事，而是有善心。作为当年"响山英雄"集体的一员，他还曾受到过周恩来总理亲自接见，是远近闻名的好人和英雄。

而常言道，"妻贤夫祸少"，丈夫能这么舍己为人，家里还不"后院失火"，也多亏了妻子叶景兰的理解。她经常挂在嘴边的一句话是："能帮人就帮人，这是福分。"

什么叫福分——至少证明自己还有用不是？在叶景兰的字典里，"义"就是宽容，就是名誉。

果不其然，后来这对夫妻的仁义基因结合孕育出一个更优秀的好人郭明义，心善到常人无法理解，以至于方圆百里所有人都说老郭家出了一个傻子，货真价实、不带双引号的傻子。试问哪个母亲能容忍别人这么说自己的孩子？一般地早就针锋相对地骂

回去了，但叶景兰只是替自己的儿子辩解说，"傻人有傻福"。不光这样，她还几十年如一日地给他们赠医施药、嘘寒问暖、跑前跑后地忙活红白喜事，她做人宽容得上了境界。

好人好事经年累月地做下去，仁义之名就渐渐传开。郭明义出生前，齐大山矿工家属区就有了"有困难，找郭家"的活广告语，在矿山几千工人中流传。大家也相信好人有好报，于是才有了一开始诸事不顺，孩子依然平安降生的小插曲。

仗义、宽容、重视荣誉，这就是郭洪俊、叶景兰夫妇对"义"的理解。他们希望长子郭明义能够尽快明白什么是"义"，进而把"义"继承下来，然后发扬光大。

其实这个义字，先贤孟子早就解释过："生，是我想要的。义，也是我想要的。当生命和道义不能兼得的时候，我宁愿舍生取义。"可见这个"义"字的境界在于选择。

从字的结构上看也一样：一撇一捺交叉，多像一个十字路口，而那一点，就是在十字路口上面临选择的人。

冥冥中自有天意吧，郭明义最终理解了这个"义"字，他在人生的每一次重大抉择中，都作出了顺应天理人性、弘扬时代旋律的抉择，最终也成就了一个感动中国的名字。

当然，这是后话。一切都是从1958年那个冬天、老郭家二话没说取出了一个"明义"的名字开始的……

行善有方

无论时代如何变迁，父母都是孩子的第一任老师，不同的是作用是否明显罢了。

齐大山铁矿是从日本伪满洲国政权手里抢回来的，但饱受战火蹂躏后，成了一堆千头万绪、让人不知道从何处下手的破铜烂铁。即便这样，这些物资在新中国成立之初也非常宝贵。鞍钢在历史上有"共和国工业的长子"的美誉，以至于国家曾经发出号召：为鞍钢就是为全中国。在这种背景下，四面八方的有志青年纷纷涌向这里，在废墟上着手重建。新中国成立以来，鞍钢涌现了70余名全国"五一"劳动模范，成绩由此可见一斑。

值得一提的是，就在那时，一个湖南矮个子青年也怀揣建设祖国的梦想来到鞍钢，无奈个子太矮了，上不得生产前线，只能站着开推土机，但他也没有因此放弃。这个青年就是雷锋。

由此可见，奉献、宽容、团结是那时候齐大山的主旋律，是融进每个人骨血中自然而然的事情。环境造就人，幼年时代的郭明义就成长在家属区这座大幼儿园中，虽然没有专人教、专人带，但有父母长辈的言传身教以及同龄小朋友的比学赶帮。

反观现在，一个月动辄几千块的入托费，英语、钢琴、科技启蒙的专业老师，培养出来的孩子却越来越骄纵和脆弱。岂止如

此，家长还要担心宝贝是否会被一部iPad轻易拐走，人与人没有沟通交流，只是面对日益浮躁的社会和冰冷的"智能"机器。

我们的教育是进步了还是落后了，是个人的难处还是社会的隐痛？

童年时代的郭明义，已经变成一个"小好人"，没让郭洪俊夫妇失望。

但一个学龄前的孩子做好事，能跟国家民族振兴、社会道德提升等等高尚字眼儿挂钩么？很显然不能。孩子毕竟是孩子，动机单纯得很：受到表扬以后心里暖和、舒服。

如果不信，可以现场实验：随便找个年龄不大、心灵纯净的小孩子，拍拍头，夸夸他，"怂恿"他做件好事，不用多大的贿赂，一样能办成，而且办得漂亮。人性本善的命题与时代没关系。

回过头来说小郭明义。他在齐大山矿工家属区最早出名，是因为送水。那个时候的采矿前线除了石头就是石头，完全要靠人工，而且没水没电，距生活区十几里山路，所以孩子们就自发去给家人送水。在这其中，唯独小郭明义送的水最受欢迎——因为是甜的。

每次他都抓上家里一大把糖放进水壶里，拿给前线上工的叔叔伯伯们喝，久而久之，能喝到小郭明义的水，也变成了一种享受。表扬之声不绝于耳，小郭明义心里美呀，回回都能笑得小脸红扑扑的。

但问题很快就来了：那个时候物资贫乏，买什么东西都要凭票。没了糖票的话，就要等下个月才行，这不是靠劳动或者钱就能解决的问题。头几天还挺甜的水，过不了几天味儿就淡了，再用不了多久，就完全退化成普通白开水。因此没等别人喝出来，小郭明义脸上已经挂不住了：要是让叔叔伯伯们发现他做事一天不如一天，那多臊啊！

这么小的孩子的想法里，不能说没有一丝虚荣的心态，但更多的是郭家仗义、重信用、讲荣誉的家风传到他心里了。在这个时候，家长的教育引导就显得十分重要，是鼓励他爱慕虚荣还是知难而退抑或是另辟蹊径呢？

郭洪俊没有责怪儿子"败家"，当然，没有糖的问题他也解决不了。不过他还是连声称赞儿子做得对，家里有了好东西，就是要跟别人分享。

小郭明义听后转了转脑瓜——对呀，为啥非得盯着糖不放呢？好东西又不是只有糖吧？何况论到泡水喝，有很多东西比糖专业多了。

比如说：茶叶。

于是，他拿了家里的茶叶开始学煮茶水，而且还扩大了"业务"范围，提高了服务质量。茶水不仅有一股清香，而且还能煮很多壶。可即便是这样，茶叶的开销也很惊人，小郭明义没乐两天，又开始发了愁。

这次，奶奶出面了，她把供应给自己的茶叶送给了孙子，及时补足了数。好事一旦做了就不能兑水，送佛送到西是老郭家的信条。

父母长辈的言传身教给了小郭明义很大的启蒙，让他明白了做好事也要讲究方法，不是心血来潮，随便从家里抓把糖扔进水壶里这么简单的事儿。要动脑筋，把好钢使在刀刃上，才能行之有效地帮助更多的人。

后来的1975年冬天，海城7.3级大地震，鞍钢离震中不远，震感非常明显,人们都不敢回屋睡觉,只能在外面受冻。已经是个大孩子的郭明义又挺身而出,组织家属区的孩子义务奉献。那时候他就发明了三招:一是把烧热的砖头裹在布里,代替手炉给大家取暖;二是两人共用一套棉大衣,轮换着穿,没穿着的就暂时跑圈;三是组织"夜查大队",防止野狗进入无人看守的房间搞破坏。这些办法受到了周围叔叔阿姨的一致好评。人们见着郭洪俊夫妇,开口的第一句话都是:你们家老大,真仁义。

行善积德光有心不行,更要用心。而行善积德后不图回报,更是培养品质中重要的一环。对此,郭家上下也没少费心教育。

郭明义的奶奶是远近闻名的接生婆,那个时候接生孩子少不了得给个红包,但老太太从来没收过。不仅如此,等到产妇下奶的时候,还会主动从自家里拿去一筐鸡蛋作为贺礼。

郭洪俊的做法则颇有些现在"虎爸"的意味,只要郭明义敢往家拿东西,那就少不了一顿柳条暴打。他的理论是:小孩子辨别是非能力差,对于说教往往记不住,唯有身体上受了苦,才是最有效的记忆方法。这在现在看来未免太苛刻,可在当时没人觉得奇怪,不由得让人感叹社会发展了,道德底线却降低了……

叶景兰从未对孩子上演过"武戏",但对孩子"施恩莫望报"的教育则更加细微。有一次小郭明义在路上捡到一双破袜子,想想修补以后还能用,就拿回家了。叶景兰知道后,硬是盯着孩子一路返回,把破袜子放回到了原处。

叶景兰的理论是:老天要是真想报答你,早把袜子送家门口了,在外面捡的,不问自取是为贼也。平日里再怎么做好事,也不能成为任何时候对自己放松要求的借口。这些东西她说不出来,但确实做到了。

在这样环境下成长起来的小郭明义,很快就有了"仁义"的风范和名声。大方、聪明、严于律己、重视信誉,这是大家对他的一致评价。

转眼到了1967年,郭明义到了上小学的年纪,脱离了"幼儿园"的温室和家长的庇护,加上慢慢开始懂事,"行善有方"四个字,也遇到了一连串的考验……

不忘本分

　　1967年,郭明义成为小学一年级学生。但随后,轰轰烈烈的"无产阶级文化大革命"在全国开展起来。现在我们管那段历史叫做"十年浩劫",但当时却很少有人认识到严重后果。抛开政治层面不谈,单就在道德上,"文化大革命"的发动者是想要依靠广大老百姓团结起来,揪出反对社会主义建设的"阶级敌人",这样既能团结好人,又能使民众的觉悟得到提高,用个晦涩的名词,这种做法叫做"民粹主义"。它的出发点不能说是坏的,但问题在于,当时的社会环境下,有多少这样的坏人呢?从前文的描述可以看出,没多少。不过没有也得抓,结果就把不少好人硬被充做坏人抓起来,"斗倒斗臭"了。好人无辜遭难,又有坏人从中兴风作浪,很多百姓都很寒心,都不敢再做好人。这么一来,全社会的道德标准非但没有提高,反而降低了;民众的觉悟非但没有提升,反而大大下降了。

　　十年浩劫的特殊历史背景,也深深影响到了小郭明义和他所生存的环境。上学没几天,人们就到处去揪"阶级敌人"。这其中包括"地(主)、富(人)、反(动派)、坏(人)、右(派)、敌(人)、特(务)、叛(徒)、臭老九(教师)",连小学一年级也没能放过,郭明义的小学老师们很快被当做坏人揪了出去,所有孩子们等于陷入了失学状态，到处学着大人的样子揪"阶级敌人"。

在这个关键时候，父亲郭洪俊显出了他的"仁义"智慧。大字不识几个的他，不可能明白"文化大革命"错在哪里，也更不曾想过去质疑领导中国人民翻身做主人的伟大领袖，但他也没有随波逐流。在郭洪俊心里，一直讲究的是"仁义"，仁义的一个重要品质就是"守本分，尽天职"。学生的天职就是学习，而不是去打击敌人，因此即使周围人家的家长都在鼓励他们的孩子罢课"闹革命"，郭洪俊却偏偏反其道行之，领着郭家孩子们"上自习"。

这倒是很有意思的一幕：大字不识一斗的父亲，每天晚上领着自己的孩子学习。学什么呢？实在不知道，那就用铅笔抄课本和写自己名字吧。可怜郭洪俊连笔都不会拿，还得装模作样地握着它，在纸上别别扭扭地反复写自己的名字，而且一连写了半个月也记不住啥，或者说其实连他也不知道写得对不对。

但这样就够了。那个年代的父亲在家中拥有绝对权威，父亲带头做的事，儿女们不敢有丝毫怠慢。小郭明义和弟弟妹妹也只好硬着头皮，每天晚上通过自习的方式学习。而干了一天重活的郭洪俊风雨无阻，从来没有休息过。

父亲的苦心，在客观上保证了郭明义的文化课成绩没有被拉下。那时候因为停课，小郭明义也要去干一天活，同样累了一天，对于孩子来说就更加难以忍受。而此时，郭明义的奶奶也鼓励孙子"好好学习，将来当大官儿"。老太太同样没有文化，只是把有出息和当大官简单联系在一起。但就是这样一个表面上看起来无知的家庭，却时刻牢记中国传统中"万般皆下品，唯有读

书高"的智慧,并且深信不疑。

而在主观上,郭洪俊更是让儿子明白了一个道理:不论世道怎么变,周围人怎么做,你自己要有一个主见,那就是守本分,干什么像什么。做学生就要学习好,尽到天职,才能算一个仁义之人。

天道酬勤,这话一点不假。刻苦学习的郭明义也不自觉地"无心插柳柳成荫",一跃成为"文化大革命"中的积极分子,当地的"孩子王"。事情是这样的:

当时出了部很有名的电影叫《向阳院的故事》,讲的就是学习雷锋,响应革命,最终揪出混在人民队伍中的"坏分子"的故事。用现在的话讲,叫"主旋律"。当时全国都在学向阳院。痴迷到了什么程度?就连齐大山矿工家属区,也被改成"向阳院"了。结果推举大队长的时候,大家意外地发现——"臭老九"都被斗倒斗臭了,大伙儿都不识字,这咋贯彻上头的指示啊?于是思来想去,郭明义就成了不二人选,当上大队长,戴上黄袖标,天天巡逻,监督大家学习文化知识。

这本是个务虚的差事,但深受父亲"仁义"思想影响的小郭明义,发挥了干啥像啥的劲头,真的监督起家属大院的所有孩子学习文化来。他知道教科书上的东西晦涩难懂,就主动从图书馆借来小人书,让其余孩子复述,比谁讲故事讲得好,谁认的生僻字多。日积月累,至少在矿工家属大院里真的起到了文化上"存亡继绝"的作用。

没有文化,道德从何谈起呢?它摆在你面前,你认识它么?年少的郭明义不懂得这些大道理,但他所做的事情,却是饱含大义的。而多少从那个时代过来的人,如今都不约而同地感叹没有文化误了自己一生，这大概也是现在学生一族无法想象的事情吧……

如果简单回顾一下郭明义的一生，你就会发现，他的成功不仅仅在于仁义，更在于聪明、好学、会学，能把自己的仁义精神做得更好，并且教会给别人。这不能不说与他在学业启蒙阶段的这些经历不无关系。你真的相信一个大字不识的人，能读着别人的稿子，把无数知识分子和有识之士感动得落泪，进而愿意跟着他的道路走么？

用句时髦的话讲，人这一辈子就如同一只愤怒的小鸟，当你四处碰壁、头破血流的时候，总有那么几头猪在一边笑。所以你就要选择，究竟是做高飞的鸟，还是做愚蠢的猪。

1972年，邓小平复出主持国务院工作，教育事业在"文化大革命"中得到了短暂恢复，郭明义在全校六年级近百名学生中，毕业考试排进了前五名。可惜后来的大势并没有像如今考重点初中、重点高中、上大学这样简单。很快，邓小平就被再次打倒。学校停课，继续开展"揪阶级敌人"的运动。

而正像前文所说，世道人心也终于在这场运动中江河日下。怎样做一个好人，似乎越来越难了……

年少义重

1972 年，郭明义升入了初中。时代的车轮依然沉重，带着"文革"的印记缓缓前行。那一年，武斗（即以暴力斗殴方式"武装夺权"，开展革命）的硝烟已经渐渐散去，但文化禁锢的冬天依然漫长。这个时候，开始兴起一股"读书无用论"，高考也随之停止。但大学没有关门，于是乎就出现了一个十分奇特的现象：优秀工农兵学员保送上大学。通俗地说，上大学不考数理化、史地政了，挑优秀的直接保送。那怎么才叫优秀呢？学工、学农出色的，下乡接受贫下中农再教育的。如果让现在的学生一族知道，中国曾经有那么一段时间不用读书就能上大学，不知道会有多么欢呼雀跃。

郭明义所在的初中自然没有幸免，陷入了停止上课、学工学农的热潮中。评选优秀学生的标准也从德、智、体、美变成了农业指标，其中一项就是拾粪数量的多寡。

没听错，是粪。狗粪、牛粪、马粪，在那个完全没有工业化肥的时代里，粪就是唯一肥料。所以有句老话叫"庄稼一枝花，全靠粪当家"。郭明义所在初中响应号召，让学生出去拾粪，把上交粪的数量多少作为评选优秀学生的重要指标。

少年人也许不会注意到"粪的数量——当选优秀——保送大

学——改变命运"这条链上的荒谬逻辑。但和所有不同时代的同龄人一样,重视荣誉,喜欢出风头是这个年龄段人的共性。于是学生们群起响应,踊跃地开始寻找,不放过一个捡到牲畜粪便的机会,仿佛那不是粪便,而是传说中的元宝。

很多同学吃不了苦,纷纷放弃。唯独郭明义顶着寒风坚持下来。他依然靠着"尽本分"的原则踏实做事。不过,天生聪明的他很快就发现了规律:狗总是喜欢在固定的地方拉屎,只要做好记录,每天去捡的话,省时省力;牛马粪都在道路上,因为它们要拉车,但是大路上很多人在等着,大家却忽略了医院附近的道路,每日那么多病人被车拉去医院,牲口一样要拉屎吧?

摸准了这些规律,加上生性勤劳,郭明义的拾粪工作做得很出色。他家的院子里,总是堆满了小山一样的粪。

在这样的环境下,人心也开始浮躁。终于,为了当上优秀学生,有人跑到河床里,去挖河底的黑色淤泥,那泥本来也有臭味,再用手工捏成坨状,看上去(闻上去)也跟狗粪差不多。这样一造假,数量巨大而且原料充足,一下子就"发了大财"。后来同学们争当先进,纷纷效仿,上交这样的人造粪便,老实拾粪的郭明义反而成了落后分子。学校也没有详查,被他们纷纷蒙混过关。

这不奇怪,在那个"水稻亩产 10 万斤"的假消息都能堂而皇之登上党报的年代里,这点伎俩确实算不得欺骗。唯有郭明义仍然坚持己见,终于,老天给了他一个证明自己清白和优秀的机会。

人心的贪念如同闸门,冲开一道缝隙,都有可能造成决堤。既然伪造狗粪换取优秀学生得到了默许,孩子们的野心也就越来越大。粪的作用终究是为了做肥料，而附近的农村生产队也经常来收购人们拾到的粪便。这可是真给钱啊，谁能不干？于是就有大人在学生基础上改良了"山寨版"狗粪：外边还是臭河泥，但里面已经是黄泥和雪块，完全就是为了凑分量。

这是赤裸裸的欺骗。而收购粪便的生产队也不傻，上过两次当以后，齐大山矿区在粪便交易上的名声也就如同真粪一样臭掉了。即使还有来收购的，也不嫌脏臭，逐一打开验证。

少年时的郭明义（二排右一）与家人合影

场面一度弄得很尴尬，唯独到了郭明义家，货真价实的高质量粪被收购者争相抢夺，一度开到了15元的高价——那个时候，15元是一个普通工人半个月的工资。正因为大家都去造假，反而把更多真粪留给了郭明义，给了他一个发家致富、名声远扬的机会。

大家不得不承认，郭家老大仁义、实在，小小年纪，委实难得……

后来，拾粪的风头过去了，又兴起了一项新运动——除四害。这次是用死苍蝇和老鼠尾巴的数量来考核优秀、获得表扬。学校本也是好意，这下子不会轻易造假了吧？但中国人民"山寨"的智慧竟能超出所有人的预料。

很快，伪造的老鼠尾巴就问世了：学生们在路边拦住运货的畜力车，借口帮助赶车的卸货，顺便就把人家鞭子梢偷回去，用锉刀锉出绒毛来，只要不摸，简直就和真老鼠尾巴一样。这种方法又刺激又能当上优秀，一时让所有孩子都为之疯狂，除了郭明义。

他真的不顾脏臭去厕所打苍蝇，而且一只只地仔细装在瓶子里如数上交。至于老鼠，他也是真抓，不过只拿到了两条老鼠尾巴。结果交给老师时，由于老师假尾巴看得太多，反而怀疑起他的真尾巴来，郭明义又成了落后分子。

对于老师的批评，郭明义并没有当场揭穿。不过造假的同学们毕竟良心未泯，又有些害怕，于是主动送给他假老鼠尾巴，让他能够顺利过关。岂料郭明义知道真相后，也跟着大家一起路上拦车了。就在大家庆幸老好人郭明义都顺利"沦陷"的时候，却惊奇地发现，那小子是真帮人家卸货去了，压根儿就没打鞭子的主意！

郭明义也有自己的道理：你们都把人家鞭子弄坏了，不帮人家真干点活，岂不是说不过去？

同学们哭笑不得。由此大家都说："郭明义这傻子，真是一根筋，手把手教他造假，他都学不会！"

是学不会，还是不愿意去学呢？

但老天往往是公平的，至少它尊重公平的声音。类似这样的事情不断发生，继而真相大白，矿山的报纸终于报道了郭明义一家学工学农的优秀事迹。在那个消息来源单一的年代里，这已经是件大事了。郭明义知道后，就像打了一针兴奋剂，让他更起劲了。

因为他非但没吃亏，反而坚守住了自己认为正确的仁义。能

够证明自己的正确,大概是世上最幸福的事情之一吧……

　　时光就这样快速地流走,转眼又是3年。郭明义初中毕业了,那个时候大多数没有获得深造机会的人,都要步入社会,而一次改变郭明义命运的机会,就这么不经意地出现在了他的眼前……

志在军旅

初中毕业的郭明义没有选择子承父业去工厂，相反，他最想做的是当兵。那一年，是毛主席题词号召全国人民学习雷锋13周年，即便"文革"席卷全国，摧毁了大量并不糟粕的文化，但雷锋精神却没有因此凋零，反而历久弥香。与此相呼应的是一点都没有减弱的当兵热。究其原因，这与人民解放军这支屡屡创造奇迹，维护中华民族尊严的劲旅在百姓心中的崇高威信有关，也与"文革"时期军队没有陷入动乱、依然保持着良好作风和纯净价值观也有关系。

浅显地讲，当时老百姓迷恋解放军到什么程度？不光好男要当兵，好女要嫁兵，而且当（嫁）不了兵的年轻人日思夜想难免陷入癫狂。于是乎就有很多青年男女为了圆自己的偶像梦，光天化日上街抢解放军的帽子。军人知道这是百姓爱戴自己，而且军民鱼水情，你总不能一记倒勾把人家老百姓撂倒在大街上吧？所以往往也就一笑了之。但久而久之，地方上吃不消了，因而很多地方派出所特地规定了一项临时性法律——"抢军帽"罪，并根据影响是否恶劣、行为是否粗暴而划定了处罚措施。

说给现在的90后们听，也许很难相信。但在那个年代不是笑谈。无论这条荒唐的条例还是解放军的崇高威信，都不是笑谈。

回过头来再说毕了业的郭明义,他读书年龄稍晚,加上文革的破坏,如今已经要满18周岁,依然是向往荣誉的年龄,怎么可能错过这样的机会呢?

偏巧这时候,作为父亲的郭洪俊犹豫了。说老实话,哪个父亲不愿意儿子出人头地,说出去让人啧啧称赞?但形势往往比人强。由于常年从事繁重的体力劳动,加上在矿山工作,吸入了大量粉尘颗粒,郭洪俊已经患上了"矽肺病"(一种大量金属颗粒裹在肺泡中无法排出体外,导致呼吸供氧量不足的疾病),再也不能从事重体力劳动。这一大家子人要谁来养?因此郭洪俊太需要长子郭明义接自己班(不得不提的是,那个年代还有子承父业的"接班制度"),撑起这个家了。

古话讲"仗义疏财",心中存着"义"字的人必然能够正确处理物质和利益的关系。这一点郭洪俊能做到,郭明义也完全能够。根据后来的统计数字,郭明义后来在鞍钢工作了28年,总共收入29万元,除了保障生活以外,其余的14万元全部捐给了希望工程等公益项目。由此可见,老郭家从不图钱,但即便再大的好人,一家人也总要生存下去吧?

当年的郭洪俊算了一笔账:如果儿子去参军,固然光荣,但一个月的补贴根本不足以维持家人的生活。他太需要儿子了!

不过郭明义自己不干,他太向往军队了。儿子跟父亲深谈了几次,每次都说得入情入理,郭洪俊思来想去,也于心不忍,觉得仁义又聪明的儿子从没给自己丢过人,不去好的地方锻炼,实在是毕生遗憾。于是渐渐地,他收起了私心。

阻力消失后,父爱往往都会成为儿女成功最大的助力。那个年代因为志愿者太多,所以参军非但不容易,而且录取率堪比当今的公务员考试。偏偏郭洪俊认识一位好朋友，叫余新元，是一位老红军，当时是鞍山军区的副政委。按照当时的规定，老余有介绍新兵入伍的权力。于是郭洪俊就把儿子从小到大的表现一五一十地讲了，余新元听后十分感动，当即决定推荐郭明义入伍。

按理说当时郭明义还未成年，而且尚须通过各项考核才行，即便是官居副政委，余新元也不能开这个先例。但偏偏是这个余新元推荐的人，部队高度重视，一点阻力都没有遇到，郭明义就顺风顺水被部队招收了。

这就不得不提到一个小插曲：在郭明义之前，老余这一辈子只破格推荐过一个人当兵，也是在鞍钢的一个湖南小个子，这个人叫做雷锋。

雷锋的入伍介绍人如今再推荐一个孩子当兵，会有人拒绝么？

1976年12月24日，西方的平安夜，那个年代的郭明义当然不会知道这个节日，但他还是平

1977年在部队

平安安地收到了入伍通知书和一套新军装。那一天，他喜极而泣。

一人参军，全家光荣。当年可没有比这件事情更让人觉得幸福和提气的了。整个矿山家属区大院差不多都因此而沸腾。大家过狂欢节一般兴高采烈地聚到老郭家贺喜，以至于把参军入伍的

郭明义本人挤到了邻居那里，一夜也没回成家。

郭洪俊的心里也欣喜若狂。富裕和荣誉不可兼得，他宁愿选择荣誉。

出于郭明义一贯的良好表现和仁义名声，部队首长也十分满意，特地安排他作为鞍钢入伍的新兵代表发言。那一天是1977年1月11日。而郭明义平日苦心积累的文化素质也再次派上了用场。整个发言，他完全是脱稿，从头至尾没看一眼，而且声情并茂，真诚感人，让在场的所有新兵惊讶，也让所有地方和部队的领导感到欣慰。要知道在那个普遍识字不多的年代里，别说脱稿演讲了，绝大多数人有稿子尚且读不下来。

为郭明义送行的，是一片掌声。

在前往兵营的火车上，郭明义一刻没有清闲过，他给战友端茶递水，帮列车员打扫车厢。新兵们彼此不认识，却都认识他这个代表大家发言的才子。不过所有人、甚至连郭明义都不知道

郭明义（前排右一）和他的战友们

的是，他的入伍介绍人一生中只相中了他和雷锋两人，老人家不能不说是慧眼识英雄。

而历史也在冥冥之中惊人地重现了：同样是从鞍山出发，同样是余新元介绍入伍，同样是作为新兵代表发言，同样地把好事做了一火车，也同样在将来成为一个国家公民的道德楷模……

列车开向了黑龙江省牡丹江市。郭明义到达部队不久便得知自己被分到了所在师的直属汽车连。这是一个技术性很强的兵种，更重要的是这是雷锋生前从事的兵种，步偶像后尘，无上光荣。

那些天里，郭明义甚至天天都在想象着未来美好的生活：驾驶汽车行驶在祖国的北疆，空闲时候读读自己心爱的书，生活充实而有意义。因此新兵入伍的三个月艰苦训练，他不仅干劲十足，而且在三次练习考核中都获得了优秀。

有这样的成绩，成为汽车兵、实现梦想应该是毫无悬念的吧？但命运往往给有资质成就非凡业绩的人们以非凡的考验。

意外"入伙"

1977年4月，新兵连的训练结束了，刻苦又聪明的郭明义不出意外地拿到了"大满贯"——将各项考核的冠军全部收入囊中，这下他又在所属连队出了名。加上之前那次精彩发言，无论战士还是干部都对他刮目相看，认准他是个文能提笔安天下，武能上马定乾坤的好苗子。在一片羡慕的目光中，大家都猜测，郭明义肯定要被分派到最好的岗位上去了，没准要留在连部里大展宏图呢！

郭明义所在的连队，前身正是在军中被誉为"战神"的粟裕大将的警卫营，曾经参加过抗美援朝的上甘岭战役，被誉为"钢铁英雄连"。在这样出类拔萃的连队里，成为新兵大满贯，自然更加出色。因此就连郭明义本人也美滋滋地，新兵训练一结束，就约上战友王尔忠一起到汽车兵训练班报到去了。

哪知接到正式通知的时候，两个人都傻了眼：状元郭明义和同样表现优秀的王尔忠全都没摸上方向盘，而是被派到了连队炊事班，做了伙头军！

王尔忠当时就摔下脸子不干了，就连一向乐观豁达的郭明义也没想通。难怪，这伙头军是什么啊？在小说戏文里一直都是最不行的孬兵被"发配"的地方。就算不知道这些，用脚趾头也能想明白啊，攻坚部队冲锋陷阵，立功受奖；技术兵种决胜千里，立功受奖；实在不成的，就是普通兵，心存国家见义勇为，也能立功受奖；就连汽车兵雷锋也都是全国人民的楷模。可你说伙头军怎么立功、怎么受奖吧？天天站在厨房里大门不出、二门不迈的，就算把苞米面糊糊愣做成了满汉全席，能受个什么奖？

然而作为一名军人，服从命令是天职。两个人再三确认了连队没有搞错之后，也只能晕晕乎乎地跑去炊事班报道。

有生以来，郭明义第一次感到自己的信仰受到了挑战和侮辱。他从来都是本分做人，仁义行事，堂堂正正立足天地之间。虽然之前也曾遭遇山寨版的狗屎和老鼠尾巴等搅局事件，但最后的结果总是证明苍天有眼，好人好报，郭明义不仅没有吃亏，反而获得了更多的名誉和尊重，这些经历都极大地维护了他的信仰和尊严。

如今却完全不同了，状元去干伙头军，而且还是在自己最为崇拜的部队里发生这样黑暗的事情！这种打击，就算是乐天知命的郭明义，心里也接连好多天翻江倒海一般难以平静。再看看一同来炊事班的新兵们，竟然个个都是训练中的好汉，大家都翻着白眼，嘴里嘟囔着不太好听的话，心思哪里能用在做饭上？

果不其然，其实钢铁英雄连真的存在着"潜规则"，只不过外人听后没法相信而已：全连官兵一致，唯有炊事班长拥有特权，可以优先挑选最好的新兵加入炊事班，其他班不能跟炊事班抢。这好比斗兽棋，老鼠可以吃象。

说到底，制定这条奇怪规则也是迫不得已。当时国家还不富裕，部队的后勤供给非常紧张，往往稍不留神，就会让战士们吃不饱、穿不暖，因此必须选拔出最有责任心、最聪明的战士加入

伙头军。常言道"一顿饱饭等于半个指导员",人不吃饱穿暖,想要攻坚夺旗那是吹破大天,因此才有了这样的潜规则。

而炊事班班长王俊凯之所以不着急,是因为潜规则内部还有潜规则——除了炊事班长外,所有伙头军服务一年以后,甭管饭做得好坏,都可以转成汽车兵,直接摸上方向盘。当然,王班长没有急着告诉新兵们,他打算磨炼一下他们的心性,踏实下来再说。

可就是这么一等,就出事儿了。王尔忠一直也没想开,他通过关系,向上级领导反应情况,打算直接调去当汽车兵,而且年轻气盛的小伙子心里往往都有属于自己的正义判断。王尔忠觉得状元郭明义窝在炊事班比自己还冤,因此在给自己疏通关系的同时,也帮郭明义申请调换工作岗位。

消息传来,郭明义哭笑不得,当然更加哭笑不得的是连队干部。他们有苦说不出,因为潜规则这东西毕竟上不了台面,况且任何账都是两样算法:是,你连队干部说为了保障后勤,要把最机灵最优秀的兵留在炊事班,让大家吃饱饭好干活;但人家同样可以说,我去当汽车兵,我优秀,我吃个半饱也能干一个人的活儿啊,都是为了国家,你怎么就知道我当汽车兵创造的效益就比当伙头军小?

别人不敢说,连队干部至少相信郭明义能够做到。

老实说,面对这种情况,郭明义动心了。机会不是每次都有,况且这也算好人好报,名正言顺。更何况王尔忠也是一片好心,他这人够意思,是条能共同进退的汉子,出于惺惺相惜,郭明义也不想独善其身,认这个。

王班长看在眼里却有话难说。他本以为到手的鸭子就这么飞了。可没承想过了不久，郭明义就去找王尔忠做思想工作，他劝说王尔忠跟他一起打个报告，服从命令，留在炊事班！

王尔忠听后，觉得这比他被发配来炊事班更加难以理解。他不禁怀疑郭明义是遭受打击太过巨大，结果傻掉了。正打算领他上医院呢，可是郭明义的说法却让他陷入了深思。

"世上没有干不了的事儿，只有不能干的人。而且我不去干，就得有别人去干，总不能人人摸汽车吧，这让人家怎么想？"

郭明义的意思很明显：咱们走后门去摸方向盘了，但是方向盘的总数没变，咱俩上去，就得有俩人来当伙头军，这不是损人利己么？

郭明义不是不想尽早摸上方向盘、尽早立功受奖，但走后门干一些损人利己的事儿，他做不到。

老郭家世代相传的仁义精神告诉他，不能这么做。更何况，入伍时候每个新兵都曾经宣誓过，服从命令听指挥，没到半年就违背誓言，这也是重视信誉和荣誉的郭家人所不能忍受的。

听了郭明义的一番劝解，王尔忠也想开了。这一对兄弟，一个叫"明义"，一个叫"尔忠"，都不是小肚鸡肠、不忠不义的小人。结果哥俩最后下定决心，这后门不走了，踏踏实实在炊事班干一年，试看能咋地！

有新兵状元这么一带头，其余人也都老实起来。而且冥冥之中似乎真有天意，郭明义自己都没想到的一项本事很快就派上了大用场——他们家因为仗义，经常把白米赠给需要的人，结果月月都吃苞米子（玉米碎块），早就把如何做好苞米子的绝招摸得门儿清。偏巧赶上物资紧张，连队顿顿早饭都只能吃苞米碴子，那东西又难吃，又难咽，又不好消化，真把战士们的脸都吃黄

了，一看见苞米就翻白眼。结果郭明义连夜给母亲写信学艺，变着法子做好早餐，一下子成了远近闻名的烹饪明星，解决了全连战士吃不好早餐的问题。

不仅如此，他还在很短时间内，记住了一百多人的饮食习惯。就是王班长也暗自佩服他这份功力。由此，连队干部心里对这个小伙子的好感与日俱增——有技术、有头脑，更重要的是有大局观。一等人才有本事没脾气，二等人才有本事有脾气，三等人才没本事没脾气，不入流的废才没本事有脾气，这一人才观古往今来放之四海皆准。

毫无疑问，郭明义算得上一等人才。

王班长看在眼里，指导员康玉久更是看在眼里。说实话，看到这么好一个兵没能及时摸上方向盘，他有些爱才、有些后悔了。但"潜规则"是他和连长定下的，不好打破，于是反复思考之下，康玉久想到了一个办法，变相提拔一下郭明义，给了他难得的学习机会……

如愿以偿

　　康玉久知道，郭明义这个兵特别爱学习，而且特别会学习。说他爱学习，是因为只要有空闲的时间，他就会去读书，甚至在食堂吃饭的时候，都捧着一张字纸片儿。说他会学习，是因为虽然炊事兵在一年内不能摸方向盘，但没说不让学习机械和车辆的基本知识。因此郭明义经常自己画油路图、电路图、曲轴图，模拟演练发动机的工作原理，他走哪画哪，甚至晚上睡觉没地方画了，就在自己肚皮上画，结果自然难免"露馅"。要知道，当时多少战士连这些东西的汉字名称都写不出来呢，郭明义这个兵可绝不是只会脱稿演讲这么简单。

　　康玉久细心观察了好多次，终于坚定了自己的判断：这个兵前途无量。得想办法帮一把，然而规章制度不能打破，想了想，决定来个"曲线救人"。

　　于是在一天晚上，早就摸清状况的康玉久"突然"冲进郭明义宿舍，把窝在被窝里用手电筒照亮看书学习的郭明义逮个正着。第二天，就把他叫到连部里"严厉"训斥："你再怎么想开车，也不能影响战友们休息啊！"

　　这可把郭明义委屈坏了，同宿舍的战友都不知道自己晚上在刻苦学习，何谈"影响别人休息"呢？但指导员不依不饶，非得

给他"处分"。郭明义没办法,正打算自认倒霉,谁知道康玉久和连长商量以后,宣布了处分,把他给乐坏了。

连里决定"罚"郭明义兼职连部的值班员,只要不做饭,就得在连部当班。这在其他人看来是凭空增加负担,牺牲了所有休息时间,但聪明的郭明义却看出了指导员的苦心。连部不受熄灯号的限制,晚上也可以有一个看书学习的好条件了。而且连部是唯一有图书馆的地方,想看什么就能看什么。这哪里是"惩罚"啊,简直就是给自己开小灶,提供了一个绝佳的自习室。

心怀感激的郭明义自然不会放过这么一个好机会,他利用一切时间抓紧学习,很多书,几乎是一个字一个字抠下来的。

读着读着,郭明义在别人眼里就变成"痴呆"了:总是闷头想自己的事情,即便和好战友王尔忠在一起的时候,也什么都不聊,就是着了魔一样记笔记。好几次气得王尔忠把笔记本抢了过去,郭明义才回过神来,说上一句思路清晰的明白话,还是求王尔忠把笔记本赶快还给他。

这该不会是抑郁了吧?王尔忠刚开始还挺担心,但后来了解了实情,也只能苦笑着骂句"书呆子"了事。

但郭明义可不是个书呆子。一年的炊事兵生涯很快过去,连队兑现承诺,让他和王尔忠等人摸上了方向盘,成为真正的汽车兵。而此时的郭明义已经把理论知识背得滚瓜烂熟,甚至能闭着眼睛画出汽车的油路图和电路图来。许多提前一年摸到方向盘的战士都远远不如他,更何况那些跟他同时起步的新手呢?之前的准备立刻变成了巨大的优势。

而在优势面前,郭明义没有被喜悦冲昏头脑,他知道节省出来的这些时间都是为了更好地搞实践。于是他早起晚睡,几乎把汽车当成了亲儿子,每天都擦得锃亮,甚至连轮胎缝里的泥都要擦干净。只要有空就会坐在驾驶室里模拟训练找感觉,实在需要离开车了,也要找把差不多高的椅子,模拟练习。

没多久,郭明义不仅把驾驶技术学熟练了,而且还无师自通学会了汽车维修。汽车有一点小毛病,他只要用耳朵听到轴承磨合的声音,就知道故障出在哪儿。无论是谁驾驶的汽车,只要有一点儿不对劲,他揭开机器盖三下五除二就能手到病除。这样的绝活,即便精明的老司机也要几年工夫才能修炼出来,而他竟然几个月时间就掌握了。1980年的部队汽车教员大比武中,理论和操作两个冠军全被他拿下。而且开车的几年时间里,每个月的节油标兵,大多都被他揽入账下。

这样的双料状元,自然把周围战友再次吓了一跳,纷纷请教他有什么窍门,郭明义只是淡淡地一笑,回答说:"笨鸟先飞。"

而在这个时候,新任务来了。

在部队里,一般成绩优秀的老兵都会干兼职,有的做文书,整天围着首长转;有的做通讯员,整天围着标兵转。而连里考虑再三,决定让康玉久找郭明义,安排他兼职饲养员,替连里养猪。

那时候给养匮乏,几乎所有基层连队的肉食都是靠自己养,杀一头猪,可以让全连一百多人高兴好几天。可要是养猪,能让饲养员郁闷好几个月。这是个苦了一人、幸福大家的差事。

于是很多人就劝郭明义说,你不围着首长转,不围着先进转,总不能围着畜生转吧?这活吃力不讨好,而且要占用很多时间,你就没时间练开车技术了,那头顶上这个双料状元还能保得住?可不能这么傻啊!

没想到郭明义还是傻了下去。他很快就答应了指导员,去兼

职养猪。猪是归炊事班所有的，兼职养猪，郭明义等于是回了娘家。那时候正是一年一度的新兵入伍分配工作的日子，很多炊事兵见到他们心目中的标兵都甘心在炊事班帮忙，自然也就不敢闹了，无形中起到了言传身教的作用。

而且在养猪的时候，郭明义几乎也把猪当成了心头肉一样伺候。

他细心记录每头猪的口味，哪头爱吃什么，他就多给点什么。每天中午气温高的时候，猪都热得直哼哼，郭明义舍不得自己洗澡，却把洗澡水留给了猪，还帮它们挠痒痒、抓虱子。畜生虽然不会说话，但也知道报恩，久而久之，这些猪对谁都爱答不理，只有郭明义走近的时候，它们就全都起来，又叫又撒欢，就像接受检阅似的高兴。

尽管他尽心尽力，可还是有意外发生了。有一次母猪生崽，第一次接生的郭明义由于没经验，愣是让老母猪压死了自己的六只小猪崽。连长知道后，心疼得说话都不利索了，把郭明义劈头盖脸臭骂了一顿。

而郭明义也深受打击，懊恼了好几天——自己真的笨到连猪都养不明白么？于是他走遍了附近所有养猪的老乡家，挨个讨教窍门，还写信给亲戚朋友求教弄不懂的细节。一来二去，终于明白了压死小猪崽的原因，不仅如此，还触类旁通，学到了很多新知识。

等到第二头母猪下崽的时候，郭明义俨然像专业兽医一样，清羊水、剪脐带、撒消毒水、按照顺序把猪仔摆放在老母猪身边合适的位置上，甚至为了预防猪仔牙太尖而咬破母猪的奶头，连它们的牙都提前剪好了。

不仅如此，有的小猪太小了不会吃奶，他就用自己手指伸进它嘴里去练习。老母猪奶水不够，他还连夜熬好了苞米子粥，喂到了老母猪的嘴边……

能够这样尽心尽力，让炊事班的战友瞠目结舌。就连周围看到的老乡都说，没见过这么实惠的兵，不过是一群不会说话的畜生，何必对它们这么好呢？

为什么呢？恐怕也只有郭明义自己知道答案：他答应指导员来养猪，是因为指导员曾经给他提供了那么好的学习空间，滴水之恩要涌泉相报，不能借故推脱、丧了良心。而尽心尽力的原因则更简单，做什么事都要尽本分，更何况因为自己的失误，曾经带来了损失，更要加倍努力补偿回来才行。

就这样，郭明义的头顶上除了汽车状元以外，还多了一个新头衔：养猪状元。炊事兵不如他会养猪，汽车兵不如他会开车，他干什么像什么，身上总有别人够不着的长处。

后来，连长和指导员索性把他找来，让他再兼职一份工作：管理连队的好人好事板报，等于又做了半个文书。

部队是个大熔炉，而郭明义这块本就不错的坯子，经过了几年的军旅生活，终于淬炼成钢……

淬炼成钢

那些年,部队里面学雷锋的氛围特别浓。尤其在郭明义的连队,连长和指导员都是全师的学雷锋标兵。干部带好头,战士有劲头,人人都比着干。每次到了连里开大会的时候,都会公开表彰各排、各班的学雷锋先进分子。谁要是被表扬了,能高兴好几天。当然,这样的机会也不是想得就能得的。

在学雷锋优秀分子的评比里,记入好人好事板报是一项重要的指标。连长、指导员最信任郭明义,就把板报的记录工作交给了他。能判断谁做的事有资格登上板报,这在高度崇尚使命和荣誉的部队里,是一项很光荣的工作,同时也是很大的"特权"。

在部队里待久了,郭明义越来越觉得适合这里。因为部队求真务实,一就是一,二就是二,不像他曾经经历过的那样,一可以变成二三四五六。这对于仁义本分的郭明义来说,确实是活得舒服的乐园。因此接到了这项任务以后,他依然不偏不向,秉公处理所有应该得到表扬和学习的好人好事,除了他自己。

负责管理板报的他,对所有人的事迹都认真记录,唯独自己做过的好事,一笔也没往上写。结果到了后来,板报上经常出现别人的字体——那是其他战友心里过意不去,趁他不注意的时候偷偷写上的。这与他的父亲郭洪俊给别人舀米如出一辙,以德服人是郭家的光荣传统。

事实上，在争学雷锋的竞赛中，郭明义的所作所为大家有目共睹。王尔忠也是一个要强的先进分子，但他在学雷锋上处处落后于郭明义，一开始还很不服气，到后来才不得不服。真奇了怪了，论训练、论技术输了也就算了，就连做好事都被郭明义处处赶在前头。

比如说下雪，下小雪，不等起床号响，郭明义已经把连部院子全都打扫干净了；下大雪，郭明义一个人能扫两个班的分担区。

再比如洗澡，连队的条件差，没有澡堂，要洗澡必须去机关，这就导致很多出车晚回来的战士没办法赶上澡堂开门，人家刚刚犯愁，郭明义已经把晒了一天的温水端了上来。

还比如帮助炊事班打杂，郭明义对于明天的菜谱往往一猜一个准儿。什么摘豆角、洗土豆的活，别人刚刚听说消息，跑去一看，活已经被干得差不多了……

没办法，后来就有聪明的战士提出来，咱避开郭明义，肯定能做成好事。他一个人就是块铁，浑身能打几颗钉？

然而事情就是这么邪门：连队的菜地，汽训班的地窖，甚至刚刚才开工的温室暖棚，都能看到郭明义的影子……

好胜的王尔忠和战友们直到退伍，在学雷锋活动上也没超过郭明义。后来他想了三十几年，总算想明白其中的原因：别人学雷锋做好事都是为了做好事，再去细心发现有啥能做的，在做之前，往往还要费心考虑这样是否值得，而郭明义都是看到好事先做了，却丝毫没想过做这些有什么利弊得失。正是省去了这个权衡和思考的工夫，所以他才事事都能赶在前面。

当年的王尔忠没想明白这些，不过他还是佩服郭明义聪明、

机灵、眼睛里有活。除此之外,大家没觉得他有什么高尚的地方。可不久,1979年3月,云南普洱发生了6.8级大地震,战友们才知道郭明义做好事,不仅仅是聪明和"眼尖"而已。

那个时候还很少有人想到捐款,即便想到了,普通战士每个月6元钱的补贴,捐个3元、5元已经很不错了。谁能想到郭明义捐了个天文数字100元,这在当时,能买1000斤大米,够3口之家吃上1年的!

郭明义攒下这笔巨款,本来是打算给患病的父亲治病,给正在读书的弟弟妹妹买书,给家里贴补家用的,都已经跟家里打好了招呼,可这个时候发生了大地震。郭明义想到了主动捐款。可捐多少合适呢?要不要留下一部分钱照顾家?

老实说郭明义委实犹豫了很久,不过到最后他还是想开了:家里没了这笔钱,最多是饿,可云南那里如今正在死人,哪边重要,这根本不用想。

于是他把整整一百元都汇了过去。难保说当时的他没有一丝半毫的心疼,但郭明义心里没有后悔,豁达的他很快就恢复了往常的生活。而这么大的事,他根本就没向连队汇报,也没告诉过任何人。

后来,云南灾区的地方政府辗转跨越了几千里,给远在黑龙江部队的他送来了锦旗,大家才知道有这么一回事。郭明义被表扬得红了脸,战友们也同样红了脸:一半是因为钦佩,另一半是因为惭愧。

这时候大家是彻底服了。在战士们心里,学雷锋就算不全是场面上的功夫吧,至少也要量力而行,场面上的功夫下到了,背地里的功夫总没办法衡量,差不多就行了吧。之前大家认为郭明义最多是机灵，事事赶在前头，谁能想到背地里的郭明义把好事做得更加彻底，把手上的积蓄捐了个精光，这可不是一般人的境界啊！

事情就到此为止了么？远远没有。不久后，郭明义又干了一件事情，让大家服上加服。

那年冬天郭明义和战友们一起出车，结果司机操作失误，车子到了半路上就抛锚了。零下四十多摄氏度，滴水成冰，人在外面站两分钟都冷，更别说去修车。当大家都在犹豫的时候，郭明义下了车，哧溜一下钻到了车底，开始抢修。

当时的车底十分狭窄，人要想进去就不能穿厚衣服，为了修零件，手要灵活，也就不能戴手套。郭明义一钻进去就是40分钟，在旁边看着的战友都冷得受不了了，他竟然还不出来。

这时候大家脸上都挂不住了：虽然郭明义修车技术最好，让他去修的确能尽快解决问题，但他不是领导，更不是肇事的司机，不能让他一个人受累，况且这么冷，要冻出个好歹来，一群七尺男儿就在旁边这么看着，良心上也过不去呀。

于是战友们连声催促郭明义赶快出来，让别人去换他。可郭明义老说"快好了、快好了"，就是不出来。车底下只能容得下一个人，其余人也就只能干着急。总算等到车子真的修好后，郭明义出来了。他觉得耳朵钻心地疼，大家赶紧把车开到目的地，拥着他去医院。大夫看后说，太危险了，耳朵严重冻伤，要是再晚几分钟，恐怕就要"报废"了！

那次的事情给郭明义落下了病根，直到现在，他的听力都不是很好，而且一到冬天，耳朵就红胀难受……

王尔忠和战友们没法不服，要说学雷锋，大家都不含糊，可

要是做好事能毫无保留捐光家底，甚至不顾身体"作践"自己，把一条命都搭在学雷锋上，这不是凡人能够想通的。

所以在战友心目中，郭明义跟那观世音一样，大智、慈悲，关键是人家舍生取义啊……

这其中的缘由恐怕也只有郭明义自己能说清楚。小时候做好事，是为了图夸奖，图心里暖和、舒坦；再大一些做好事，是因为秉承家风，尽职尽责，不忘本分；而现在做好事，是因为做好事已经是一种日常习惯了，说穿了很简单，他就是见不得别人吃苦。既然总要有人吃苦，那不如让自己顶上去，解决掉那些麻烦，这样别人好过了，自己心里也就更好过了。为此，他可以牺牲一切身外物，甚至是他自己……

冰冻三尺非一日之寒，任何一个人都要经历升华的过程。生长在仁义之家的郭明义，在部队这个大熔炉里，确实已经淬炼成钢了。

部队也为此给了他公正的评价：5年的军旅生涯，郭明义获得了全师"学雷锋标兵"等7次嘉奖。1980年6月12日，他光荣地加入了中国共产党。

30年之后的2010年8月，郭明义当年所在部队的领导到鞍钢去探望他，仍然能够流利地说出档案里记载的属于郭明义的一件件惊天动地的好事。

而这时的郭明义则疑惑地看着部队领导问："有这么多吗？"

很多事情的过程，郭明义早已忘却，留在他心中的只有一种精神而已……

转眼到了1982年，5年的军旅生涯即将结束，郭明义再次面临了选择，是退伍，还是继续留在部队发光发热？这时候部队领导留他，让他转为志愿兵，将来考军校，成为一名优秀的指挥员。提了干，一辈子的问题也就解决了，好男儿理应志在四方。可就在这时候，一封家书，让他陷入了沉思……

信仰危机

1980年前后,郭明义面临着退伍复员的选择,这个时候,父亲再次来信了。信是妹妹代笔的,一五一十地记录了父亲的原话。在信里,他劝儿子复员回家,回铁矿上班,缓解家里的经济压力。

正是这封信,让郭明义陷入了两难。他知道部队是最适合自己的地方:这儿的大环境还是像从前一样讲求荣誉,正直淳朴,有一说一有二说二,在这里他活得如鱼得水。而且已经在很多项目上出类拔萃,马上就要有一个光明的前程。

其实,父亲郭洪俊也不是不知道儿子应该留在部队。5年来,全连队就数郭明义往家里寄的喜报最多,每次都把全家老小乐得什么似的。他留在部队,能长本事,有出息,因此但凡有一点办法,郭洪俊都不愿意出此下策。"文革"后期,郭洪俊是矿区的革命委员会主任,掌握着一点实权,因此上头分给他家两套房子,郭洪俊只要了一套,还是面积最小的。公家的一点便宜都不能占,这是郭家的家风。由此可想而知,要耽误自己儿子的大好前程,这个口开得多么难啊。

有其父必有其子,郭明义不也是辛苦攒下一百块钱,却全数捐给了灾区么?当时要怎么跟家里交代,着实为难了好久。同是为公不为私的心理，让他特别理解父亲此时的难处。

而这个时候，弟弟的来信披露了家里更为触目惊心的"内幕"：父亲早些年干活拼命，不注意保护身体，40多岁就患上了矿工的职业病——矽肺。如今已经病重，整个肺子都被金属渣滓包裹，一口气要喘好几次才行。母亲也想念大儿子，天天眼睛都哭肿了，再加上奶奶已经年迈没人照顾，这个家太需要一根顶梁柱了。

得知情况后，郭明义再也不犹豫了。百善孝为先，何况不损人利己一直也是自己行事的底线，旁人尚且不损，何况自己亲人。

1982年1月，郭明义结束了自己5年的军旅生涯，正式复员回到了父亲工作的地方——鞍钢集团矿业公司齐大山铁矿。似乎冥冥之中自有天意，出生在"大炼钢铁"时代的他，注定与钢铁巨龙有着不解之缘。

1982年刚刚复员的郭明义（左一）

为此，郭明义把绿色军营的梦想埋在了心里。直到如今，他都会经常梦见自己穿着军装，开着汽车，驰骋在祖国的林海雪原。而直到如今，频繁在公众场合露面的郭明义也是标准的军姿和军礼……人的一生充满选择，童年的他选择做个诚实本分的好人，是出于家风熏陶；青年的他选择当兵入伍，是出于梦想；而

如今他选择回家，则是出于道德和责任。

刚到家，郭明义就遭到了"洗劫"。左邻右舍把他带回来的所有东西都"抢"走了，不光是慰问品，甚至军帽、衣服、鞋子都没能留下。仁义的老郭家依然笑呵呵忙着接待，把能给的全都给了出去。细心的叶景兰发现，当初儿子参军时，郭洪俊攒了将近一年工钱给郭明义买的手表也不见了，但她没有询问儿子，老太太相信儿子一定会把最好的东西送给最需要的人……

很快，郭明义就到了矿山报到。领导考虑他曾经一直是汽车兵，驾驶与维修技术特别娴熟，又获得过很多相关荣誉，于是就把他派到了很重要的岗位——汽运车间当大型生产汽车的司机。

郭明义很高兴，一来开车是他的老本行，也是兴趣爱好所在；二来这种载重20吨的大型汽车是运送矿石的，号称矿山的生命线。一个新人初来乍到就受到如此重用，他觉得心里暖洋洋的，因此干劲就更足了。人回来了，也把在部队养成的良好作风带到了新的岗位上：敬业、奉献。父辈们都用一种欣赏的眼光看着他，并且议论说，部队真是个好地方，瞧瞧郭家老大勤快、虚心、懂规矩、有窍门、干啥像啥，是块好材料。

转眼间一年过去了，郭明义天天加班加点满负荷运转，提前16天完成了全年的工作任务不说，年底统计工作量的时候，连领导都没想到，拿下全矿单车生产最高记录的人，竟然是刚来的职工郭明义。这要在部队，立功受奖是自然而然的事，可在单位里，除了受到表扬，更多的竟然是非难。

社会不同于部队，如今已经改革开放，正在向市场经济体制快速转轨，人们的思想变得越来越复杂。"文化大革命"对传统道德的摧残还没能扭转过来，西方的享乐主义、拜金主义、唯我独尊等思潮又趁机占领高地,搞得大家六神无主,人心思变,从前鞍钢那种夜不闭户的理想社会早就彻底崩盘,一去不返了。

更严重的是,一直沉浸在学雷锋的精神世界中的郭明义,竟然发现在部队外面的很多人,早已接受了"雷锋已死"的事实。郭明义卖力学雷锋,善待每个人,却换来了"傻子"的传闻,这传闻越来越广,最后终于传到了他本人的耳朵里。

郭明义的智商和情商都没问题,他听得出来人们说他的时候,到底是感激和怜爱地用上带双引号的"傻",还是嘲笑和讥讽的、货真价实的傻。一个人再坚强,也架不住众口指责,一天两天尚能自己排解,长年累月,就足以摧毁任何人的信心。

后来,就连从小跟他一起长大的发小张毓春都受不了那些流言蜚语,跑过来对郭明义说:"哥,雷锋都过时了,你还学他干啥!"

身边很亲近的人出于好心的劝告,更让郭明义心如刀绞,当一个人坚持了很多年、并从中时刻获得极大满足的信仰突然被周围所有人一致唾弃的时候,那种精神上的痛苦要远远超过肉体上的千刀万剐。

这时候,郭明义想到了身边最亲近的人。他回到家里,伏在母亲叶景兰膝前,泪眼婆娑地问:"妈,别人都说我傻,我是真傻么?"

是这个世道错了,还是儿子错了?叶景兰也不知道该如何回答。作为一个理性的人,谁也没有资格质疑整个社会的正确与否。作为一个母亲,她也不能亲手给儿子的伤口上撒盐,更重要的是,对这个问题,叶景兰自己也没有答案。

当然,母爱是胜过理性的。叶景兰说:"嘴长在别人的脑袋瓜子上,爱说啥就说啥去,坚强些,妈支持你,谁说啥都别听,

接着干。"

母亲的坚定支持,给了处在信仰动摇痛苦期的郭明义一丝光亮。就在这之后不久,另一件事情为他重新找回了信心……

重塑意志

过了不久,全国便开展了轰轰烈烈的"五讲四美三热爱"活动(五讲:讲文明、讲礼貌、讲卫生、讲秩序、讲道德;四美:心灵美,语言美,行为美,环境美;三热爱:热爱祖国,热爱社会主义,热爱中国共产党)。这项活动,从大局上来说,是党和国家从思想道德和行为规范上系统肃清"文革"流毒的开始。而从郭明义个人角度来说,这完全符合他自己的道德标准。国家出面号召了他一贯坚持的东西,这给了处在深刻迷茫和痛苦中的郭明义莫大的精神安慰。

而在那一年,鞍钢也根据自身特点,把学习雷锋融入到了"五讲四美三热爱"活动中(雷锋参军前是鞍钢工人)。在其中,共青团组织表现最为出色,他们的做法,则给了郭明义事实上的勇气。

事情是这样的:鞍钢团委特地派人去了抚顺雷锋纪念馆,去那里借雷锋的"火种"。因为鞍钢与雷锋的特殊关系,纪念馆领导特批从雷锋的存折中提取出10元钱,作为学习雷锋的启动资金。而团委则用这笔钱成立了"雷锋基金会"。别看10元钱数目不多,但基金会在成立后的短短1个月时间里,就吸纳了鞍钢内外200多万的巨款,这在当时的平均收入水平中,可称得上天文

数字!

消息传来,郭明义激动得睡不着觉。这一来说明了雷锋这个名字在大家、特别是青年人当中还有号召力和威信;二来说明了虽然周围的一些人不愿意再提学习雷锋,甚至把它当做"傻",但那只是一时片刻的鬼迷心窍,只要想通了,人人争先,一样能够汇聚这么大的力量,可见人心本善。

找回了自己的精神支柱,郭明义再次高兴起来。高兴到什么程度?一贯低调的他,从小到大破天荒地专门跑到发小张毓春那里,神气活现地对他说:"怎么样,你不是说雷锋已经过时了么?现在怎么又学雷锋了?"

事实摆在眼前,张毓春哑口无言,而且见到郭明义这么"欢实",他心里也高兴,于是装作无可奈何的样子回答说:"大家都学,你学,我也学呗。"

郭明义听后,更乐了。在随后的一年里,他干得更加卖力气,不仅在矿山干,也跑出去干,几乎把所有业余时间全都放在了社会公益上,甚至没在家过过一个周末、吃过一顿准时饭。

张毓春原本以为这个"傻小子"的干劲只是因为心里舒坦,闹腾两天就会耗光了,他万万想不到的是,从那时算起,郭明义学雷锋,一直坚持了28年,从一个人人口中嘲笑的傻子,学成了高山仰止的全国道德模范。张毓春知道自己是无法企及了,但是他也深受感动,拿起笔,把郭明义所做的好事一件件记录了下来,这一记,竟然也坚持了20年。

在复员的第九个月,郭明义就被汽运车间的党支部书记相中,认为他是块好材料,应该放在刀刃上,于是开始刻意培养他。书记任命郭明义临时负责车间里的团支部工作,成为一名以工代干（工人身份代理干部岗位）的准领导干部。要知道，齐大山铁矿 4000 余名工人，以工代干的指标才有几个？基本上是千里挑一，到矿上工作不到一年的郭明义获得了这样的机会，让很多人都红了眼，不过红了眼也没用，而且再也没人敢说如今的"小郭书记"是傻子了。

1984 年 5 月，临时团书记郭明义顺利转正，成了汽运车间的团支部书记。这件事情在郭明义一生中的意义也是巨大的：其一，支持郭明义做好事的精神支柱中最重要的一个就是好人好报，从小就显得很不合群的他，即便被嘲笑、被误解，也从来没有吃过亏，这次上天依然在他最需要的时刻巩固了他的信仰。其二，这让郭明义心里明白了，老百姓和领导的心中都有一杆秤，只要坚持理想，踏实肯干，他头上傻子的称号早晚会被戴上双引号，这让他有了莫大的信心。其三，成了领导，意味着事业和思路上跟以往完全不同了：从前是一个人单干，自己对自己负责，如今是领导一个集体一起干，不光自己要干好，还要想尽办法让别人也干好，不然就不是个合格的领导。

为此，聪明的郭明义想了很多好点子，例如制作了流动红旗，挂在表现最好的车上；开展百分竞赛，用荣誉感激励每一个青年；把部队里好的管理方式和规章制度引进来，规范大家的日常行为。加上他这个人仁义、热心、很会做别人的思想工作，所以车间里的青年也慢慢地从红眼病转变成了真心敬爱他，没有一个人因为多干活而生出埋怨。

大浪淘沙，泥沙俱下，即便如此，也还是有外边的人说郭明义是"整景"（即现在所说的政绩工程），所做的还不是为了继续升官。不过很快，那些心理不那么阳光、背地里瞎议论的人也服

了,因为郭明义这个人一如既往,他做的很多工作都不是面子工程,而是"里子"工程。

举个例子:郭明义带领的团支部每天都把车间里的大型机车用水冲洗干净,甚至连车胎缝里的泥巴都清理得一干二净。大家每天都戴上白手套从头到脚把车擦一遍,简直就像全新的一样。为此很多人不光质疑而且嘲笑:矿山的环境就是这么脏,你擦那么干净有什么用?不到半天就脏得跟泥猴一样。

郭明义听后坚决表态:这就像每天早晨起来叠被子,尽管晚上还得铺上,可谁家愿意把乱糟糟的被窝丢在床上不管,来了人让人笑话?下班洗车,就像我们每天早上叠被子,车冲洗得越干净,车的毛病就会发现得越及时,不但能延长车的使用寿命,还能减少维修成本,这个工作习惯必须养成。

一分耕耘一分收获,作风上去了,成绩自然就上去了。他当上支部书记短短一年时间,汽运车间节能、安全、好人好事、精神面貌等各项指标都飙升,顺利被评为全矿山的标杆团支部。

提气不说,更让郭明义从此树立了一个全新的信条:仁义这东西,是可以传染和传递的。

经过了20多年的成长,郭明义领悟了这些道理,更加坚定地在仁义这条道路上走着。他已经从懵懂无知的被动,慢慢转向了风雨无阻的主动,学会积极而坚定地面对未来的各种挑战……

第二篇 风雨无阻

脱颖而出

1984年4月,国家人事部组织了一场全国统一录用干部考试,允许各单位在自己部门里招收以工代干的工人成为正式的国家干部,但是名额很少,录取率与考大学不相上下。面对这样的机会,工厂里很多人虽然动心,但还是望而却步了。大家心里都清楚,成长在"文革"时期的这代人,文化学习上是被彻底耽误了,不仅基础薄弱,而且上了岁数,智力和精力上都没有竞争力。国家的这一举措,是给那些"文革"后的新一批高中毕业生、当时被称为"大学漏子"的人准备的。

然而,郭明义考虑了一下后就报名了。他那个时候正巧是车间的团支部负责人,属于以工代干的行列。可在别人看来,这纯属浪费精力:郭明义脸膛黑红,不善言辞,天天跟汽车轮子打交道,又仅仅是"文革"期间的初中毕业生,水平有限不说,怎么看怎么不像个知识分子,又何必去添乱呢!

但他们不知道,促使郭明义选择参加考试的理由,首先就是因为父亲郭洪俊。从小,郭洪俊就不是个随波逐流的人,对于儿女的文化学习,无论何时都没有耽误过,在他心里,大儿子郭明义在工作上已经给老郭家挣足了脸,剩下的一件心事,就是让老郭家出一个读书人。

郭洪俊相信儿子能行,而郭明义自己也不想让父亲失望。他去参加干部考试,倒不是有当官的迫切愿望——在那个时代里,工人是企业主人的观念还很牢固,而且干部与工人之间并没有明确的分界线,你是个干部,干的往往也是工人的业务。因此没人觉得当了干部就比别人光荣,当了工人就比别人低贱。郭明义在乎的是挑战和证明,用他自己的话说,证明自己是个有见识、有学问、有抱负的有用之人,很多岗位上都能有自己的用武之地。

父子同心,其利断金。郭明义报了一个市里的夜校,补习文化知识。好在从小开始,他就没受到"读书无用论"的影响,在部队当兵那五年,也天天看书学习,文理科的知识都没有扔,只是缺乏一个系统的点拨。为此,他白天上班,晚上则骑自行车往返在20多公里远的补习班中,为的就是好好准备考试。

而郭洪俊也一样发扬了当年的韧劲。不过这次可不是"上自习"了,而是无论刮风下雪,他都会在儿子从夜校回家的路上等候着,从未间断。

让郭明义至今记忆犹新的是在一个风雪交加的夜晚,他从夜校回家,风实在太大了,基本上是骑两步走两步,再扛车挪两步。在一个下坡路上,他摔倒了,车也坏了,人也瘸了,只能无助地坐在地上,听天由命。这时候,郭明义看到大雪中一个蹒跚挪动的身影向他缓缓而来,竟然是老父亲。郭洪俊不顾自己的矽肺病,一路寻找自己的儿子。看到父亲,惊慌疲惫的郭明义再也忍不住了,他放下书包,扑到父亲怀里,像个孩子般哭泣。郭洪俊擦掉了儿子的眼泪,扛起了自行车,又是一路蹒跚着,把儿子"护送"回了家。

在考试的时候,郭明义发现题目根本没有外面传说的那样刁钻古怪,而大都是平日里常见的知识,只要认真和坚持,都能够答上来。或许国家设置考试的本来目的也是考验大家的认真和坚持吧……结果出来以后,郭明义如愿以偿通过了考试,转成了正式干部。不过他没有放弃工人的职责,依然在最前线,带领着车间的小青年吃苦攻坚。

可正是这次考试的优异表现,让矿领导下定决心,安排他参加成人高考,成为工人队伍中凤毛麟角的大学生!

重视知识,鼓励深造,一直是鞍钢的人才战略。随着世界科技水平越来越高,即便是生产一线的工人,也要有相应的科学文化知识,彻底告别傻卖力气的现状。郭明义明白,这不是拔高,而是大势所趋。因而他十分重视单位给予的这次机会。

但当时的大学可没那么好考,仅有百分之几的录取率,三四十分已经合格,四五十分的可以算作秀才。在当时老百姓的眼中,老一辈中专、大专生都是知识分子,大学生更是国家精英教育中的最顶层。那时候大学的待遇也好,不仅由国家供养,而且毕业生还由国家一手包办分配工作。考上大学,就像当年参军入伍一样,是全社会都认同的、幸福感超高的事情。

郭明义很珍惜这次机会。在前不久考试复习的基础上,他更加努力准备,也不负众望,顺利通过了入学考试,成绩竟然和那些"大学漏子"不相上下。1985年12月,郭明义圆了自己和家人的大学梦,到鞍山市委党校脱产学习两年,而且由单位全额提供费用。

在两年的学习中,郭明义克服了年龄偏大的劣势,学习异常刻苦,甚至累坏了自己的眼睛,戴上了眼镜。而他的各科成绩始终是优秀,最终成为那一届毕业生中的佼佼者。

而对于学业有成的郭明义,矿山领导自然非常重视。1987年1月,刚刚毕业的郭明义一回到单位,就被调到了党委宣传部,担任副科级理论教育干事,成为4000多名工人中唯一获得这项头衔的人。在其余工友的眼中,他完成了从"大老粗"到"秀才"的转变,也由一线的卖力气,变成了在上头"坐机关"。

所谓"坐机关",练的自然是坐功。跟基层火辣痛快的交流方式不同,机关的工作都是静态的、文字的、温文尔雅的。这对于当惯了一线工人的郭明义来说还真要好好适应,不过他心里清楚得很,自己如今屁股是"坐"下了,但脑子必须动起来。自学了这么多年,又上夜校又上党校,知识储备可谓不少,而刻苦学习的目的不是为了坐在机关里耗掉所学的本事,而是要把它们发扬光大,把社会的闪光点和自己的理想教给更多人知道。

这样,他每天孜孜不倦地写教案,写理论文章,写新闻稿件和文学作品,他要把基层工友们憋在心里倒不出来的好思想、好作风表达出来,而且还要喜闻乐见,通俗易懂。

整整一年,郭明义发表了稿件100多篇,由此获得的稿费和单位的奖励已经超过了工资。连领导都半开玩笑地说,郭明义太能写了,再这么写下去,咱们也没什么能奖他的了。

自然,奖励政策也惹出了不少"红眼病",于是在给郭明义算稿费的时候,就有人东挑西拣:理论文章不算,文学作品不算,不是本部门的新闻不算……每到这时候,郭明义总是笑笑,不算就不算吧,毕竟是自己的本职工作,干一行爱一行的传统他已经守了这么多年,变成了一种自然,丝毫不会觉得有什么委屈。

不给奖励,他也依然好好写。那一年,他撰写的党课教案,捧回了矿山系统评比的冠军。

金子的光芒是再怎么抹也抹不掉的。大家都看得出来，郭明义是马上就要"腾飞"了，这一点恐怕也就只有闷头干活的他自己没意识到。可世事竟然如此无常，腾飞的东风没有吹来，却刮来了一阵痛苦的飓风……

第二篇　风雨无阻

临危不乱

复员五年里,郭明义可谓是顺风顺水:当先进,以工代干,转正,上大学……以至于不少明里暗里说他傻的人也禁不住开始相信"傻人有傻福"。尤其是调入党委宣传部以后,郭明义在齐大山铁矿的影响和声望与日俱增。有人说,郭明义本事不小,将来再被提拔上去,干个部门领导绰绰有余;也有人预测,照这么发展下去,他前途无量,就算当上矿领导也是早晚的事儿……

然而1988年6月,命运跟郭明义开了一个天大的玩笑,给他来了个180度的大转弯:根据上面的统一部署,齐大山的政治工作干部编制要缩减,党委宣传部更是要裁撤。虽然大家公认郭明义的才能和成绩,但在机关里他年纪最小,到党委宣传部的时间也最短,矿里为了照顾老同志,论资排辈,决定裁掉郭明义,让他分流。

所谓"分流",跟今天的"下岗"不是一个概念,并不是说从此丢掉了饭碗,而是不能在原岗位干了,还得下去当工人,或者更糟糕的是要去单位新开设的艰苦岗位上去。这对于坐惯了轻松机关、享受惯了干部待遇的人来说,无异于从天上摔到地上,摔得脸都保不住了。

当然,也有人为郭明义鸣冤:他干得最好,成绩最突出,怎么好人没好报，专挑优秀的往下裁呢？这晴天霹雳换谁谁也承受不了。这个时候，就连郭明义的父母和妻子都跟着着急了，他本人却显得波澜不惊，仿佛根本没这件事一样。

脸上虽然显露不出来，郭明义的心里还是有起伏的，只不过他很快就自己把自己的思想工作给做通了。一来，这样类似的事情他经历过——最优秀的新兵被分去了炊事班，也一样挺过去了，这并不是件没来由、毫无准备的事情。二来，郭明义做人的原则没变，那就是不能损人利己。如今跟当年一样，被分流的名额没变，自己要是不去，就得有别人去。可其余同志都比自己年纪大，要适应新工作得吃多少苦啊，对集体的贡献还未见得有多大，要是万一想不开出点啥事就更糟了。总之是要吃亏的，郭明义见不得别人吃苦。三来，也是最重要的，经历过种种考验和磨难后，郭明义越发珍惜的是信仰的力量，至于说境遇，他享受的其实是过程，他证明了自己有能力，到了哪里都能胜任，同时作为齐大山铁矿4000多名职工中曾经唯一的理论干事，他也争得了属于自己的专项荣誉，知足了，下就下来吧。

有句老话叫林子大了什么鸟都有。有人是鹰，有人是鸡，鹰的飞行轨迹永远是起伏跌宕的，鸡却总是平平稳稳；鹰有时候会飞的比鸡低，但鸡永远飞不了像鹰那么高。如果你是只鹰，那么面对狂风暴雨暂时停在地上了，就要相信自己的能力，终有一天还是会翱翔天际的……

因此，宣布分流名单的那天晚上，所有人都彻夜不眠，除了郭明义。他到家以后，倒头就睡，气得妻子睡不着觉，连连骂他"没心没肺"。

按照规定，被分流裁减下去的人，要到矿上的劳务市场接受

统一培训以便重新上岗。结果第二天一早8点，郭明义就像没事人一样去报到了，在全矿44个被分流的人中，他也是唯一一个没有迟到的。

而第二个来到劳务市场的，是郭明义的发小张毓春。他也从机关报导员的岗位上下来了。张毓春一见郭明义，心里别提多委屈了，于是讽刺他说："你学雷锋没学够吧？越学越下岗，这就是你学雷锋的后果。你风格高，不分流你分流谁？"

郭明义知道这是气话，于是笑眯眯地回答："你也不错啊，发扬风格，第二个来报到的。"

张毓春一听更来气了："都是跟你学的！反正我这辈子是学够了，下辈子我也不学雷锋了，我学贺龙，拿起菜刀干革命去！"

张毓春这话一半是气的，另一半却是真的。这44个人除了郭明义以外，哪个不是憋了一肚子火，随时都想去找矿上领导"讨回公道"，软的人家不吃，那就干脆来硬的呗！

所以大家都看中了能力威望最高的郭明义。只要他一带头闹事，领导肯定会松口的，大家不也都有了靠山么？可谁承想郭明义根本不为所动，于是大家都着急了，甚至还有人旧事重提，用激将法，大骂他是傻子。面对这样的情况，郭明义不仅没中计，还耐心地劝说起大家来。

没错，我是傻。这社会本来挺简单，就是傻子少，才变得越来越复杂。要论到傻，革命先烈就不必说了，雷锋他们把命都搭进去了，岂不是更傻？至少咱们都还活着，活着就有为社会做出有意义事情的资本。

大家一听，都没话了。第一次预谋闹事因为缺少主心骨，就没闹成。可是人们心里的不满和委屈还在，劳务市场随后组织培训,大家情绪波动又很大,谁还能去听课?不光不听,还把矿上派来的老师当成敌人,拿他撒气消火。于是课堂上有人哭,有人闹,有人寻死上吊,有人跃跃欲试要跳楼(当然是表演给老师看的),老师被闹得没办法,只好不管台下发生什么,上完课赶紧逃跑。

只有郭明义,还是认认真真听课,仔仔细细记笔记,无论是理论课还是操作课都在最前面。下午没课的时候,他就抱着个小饭盒似的录音机听英语,还在地上比比划划地写单词。

于是有人急了,骂他说:"郭明义你还真是没心没肺啊!都啥时候了,就差让人直接撵回家了,咱都变成社会最底层的人了,你学这些叽里呱啦的有啥用,能当饭吃么?"

郭明义听后,很平静地劝大家说:"咱这是二楼,跳下去摔不死,自己还得遭罪。上面楼层是高,可楼下更踏实,咱们不过是换了个活法,为啥不想着活得更好,何必跟自己过不去呢?要真想争口气,不如凭自己本事,将来重新干到机关去,不是更好吗?"

有人当时就说了:"要论干得好,谁比得了你郭明义,你不也下来了么!"

还有人干脆猜测说,郭明义这小子这么有本事都不闹,看来是有异心了,打算挪窝了吧?兴许是出国留洋,要不干啥抱着个小盒子天天听英语?

参加培训的人们虽然是分流,但并未下岗,矿上还是给开工资的。但分流后的第一个月工资一下来,所有人就都急眼了——工资少了一半,这让人怎么活呀!

尤其是20岁出头、血气方刚的张毓春更加接受不了。他信

服郭明义，因此之前看在郭明义的面子上没有去闹，但现在实在憋不住了，就真像自己先前说过的一样，拿起两把菜刀，去找矿长理论，吓得矿长躲起来，干脆就没敢上班！

而其余人一看，都高兴了。有张毓春这个不要命的愣头青出去闹，大家都应该帮忙，失败了大不了拼个鱼死网破，要是能靠两把菜刀找回位置，所有人不就都有回机关的理由了么？

唯独郭明义此时心急如焚。于公，他不能看着有人如此不顾大局、横行作恶却熟视无睹；于私，不能眼看着发小犯错误而不拉他一把。于公于私这都不仁义。

于是，他下定决心出来纠正这个局面，不光是为了坚守自己的信仰，更为了这群"难兄难弟"的将来……

事有转机

郭明义知道,现在当务之急是要平复大家激动的情绪,别真的闹出什么出格的事情来。而"灭火"工作的重点又是自己的发小张毓春。所以,他赶快上门找张毓春谈:"毓春,咱都是矿工的孩子,心应该比矿石还坚强,我能坚持下来的,相信你也一定能。"

张毓春很坚决地回答说:"我不差钱,差事。咱们发扬风格退下来了,他们却整咱们,不说明白了,我绝不罢休!"

郭明义没法,只好先回去。第二天,他又去了,接着劝人家:"分流是上边的政策,又不是矿长擅自做主,你去砍人家,砍死了你要偿命,砍不死你要蹲监狱……"

张毓春还是不听。于是郭明义第三天、第四天还去,苦口婆心地劝:"你不想别人也要想想你妈,她把你拉扯大,指望你能让她幸福,你要有个三长两短,可让她怎么活?"

郭明义几乎变成了一块牛皮糖,彻底黏上了张毓春,啥时候逮着机会都要劝几句。甚至上厕所的时候,也要劝几句,人应该咋活着,啥事情该做,啥事情不该做……

后来张毓春的母亲也跟郭明义达成了"攻守同盟"。终于,张毓春服了,他明白郭大哥是为了自己好,也不想让老娘伤心,

气慢慢消了以后,他扔下了两把菜刀。

这下好了,看到矿里最"冤枉"、最有前途的郭明义都没出头,又发现最火爆和捣蛋的张毓春都放下了菜刀,大家也就不再闹了。

与此同时,分流职工闹事的事情,也引起了矿领导的重视。看到郭明义识大体,心态好,又有威信,就安排他做劳务大队的队长,负责带领分流的44个人好好学习劳动。

一提到"好好学习",有人心里还是别扭,就怂恿郭明义说:"你别干这个头,咱们谁都别干,让他们看看咱们不是好欺负的。"

可郭明义心里早就有了打算,矿上的安排正合他意,于是他接下了"大队长"这个职务,还对大家说:"如果我不当这个头,那咱们可就真的散了,所以我不但要当好头儿,还要领着大家学到一些真本事,给大家争取合适的岗位。"

这是郭明义的真实想法。话都说到这份了,大家也不好反驳,不过心里还是合计:啥叫合适岗位?回到机关工作才是最合适的,你能做到么?况且咱们都有合适岗位了,你这"大队长"不就又下岗了?

郭明义却不管大家的小算盘,他是个言必行、行必果的人。而且他又不傻,为了达到这个目标,必须开个好头,给大家树立信心,所以这个头炮,还是要在张毓春身上下功夫。

于是郭明义天天拉着张毓春,认真参加各项技能培训。不仅手把手教他,还积极跟上头沟通,探讨出路。看到前不久还闹着要拼命的"刺儿头"如今认真学习不再闹事,矿领导长出了一口气不说,心里其实也高兴。为此,在培训三个月以后,矿上提前安排张毓春到农场上岗,给的工资还比之前当报导员的时候多了六十多块。

这可是实打实的效益。大家看到以后，觉得郭明义没有说大话，还真的有比原来机关效益好的岗位，而且矿上也丝毫没有借机打击报复的意思，就都安下了心。

郭明义的第一步打算就这样顺利达成了。

然而，困难还是存在的：张毓春年轻，记性好，在郭明义的带动下又肯钻研，自然有了好出路。可其余人就不一样了，他们绝大部分表面上向矿上"服软"了，却把小算盘藏在心里，改成了"地下作战"：大家培训的时候倒是老实了，但等到培训结束后，就有人请了长假；有人到新岗位上虚晃一枪，把功夫都下到了走后门上；更有人干脆不去新岗位报到，还是天天去机关原岗位上班，拉拢感情，造成"既成事实"。按理说这时候，郭明义这个大队长已经完成了他的使命，可以考虑自己的前途了，可他眼见这种情况，却放心不下，自己接的活有始无终，等于是没了信誉、失了仁义，他坚决不干。

当然，也有人背后议论说，郭明义本来就有本事、有威信，这次又替矿上处理了这么大一件事，矿上肯定不能亏待他。这倒不是捕风捉影，像郭明义这样干啥像啥的好手，哪个机关科室不想要？但郭明义自己竟然像头犟牛一样，非但不肯回来，甚至连之前副科级的职务也不要了，一门心思要重新回基层，在底下干出些名堂来。

这么做，一是兑现了先前劝大家伙"楼底下踏实"的话，一口唾沫一个钉，别人当笑话听，但郭明义没当笑话说；二是彻底履行了劳务大队长的使命，为大家想出路，而不是给自己谋私的。

就这样，郭明义被安置到统计车间担任统计员兼人事员，负

责车间的统计工作和劳动纪律考核。这对于他来说是个完全陌生的岗位,领导有些担心,就找他谈话,慎重征求他的意见,而郭明义一如既往回答了一句"没问题"。

然而可惜的是,郭明义带了这个头,却没有起到多大的作用。几年之后,这些被分流的人,纷纷软磨硬泡,回到了原先的岗位,或者被调到其他部门,更有"明白人"被提拔和重用了,真正按照矿上部署重回基层的,只有郭明义一个。

这算是真正意义上的"一个人的下岗"了。要换了别人,早就得崩溃了。就没有这么欺负人的,当了队长,带头学习劳动,还得做大家的思想工作,最后分流的事情不了了之,动这么大阵仗就为了把队长给分下去,这不纯粹拿人当大头耍么?

但郭明义却不闻不问,专门干好他的新工作。有人就问了:"这么拼命地干,到最后就是一个普通的员工,不觉得亏么?"

郭明义说:"亏只是一种感觉,你不认为自己吃亏了,那就不是亏;心里贪的人,给他一座金山,也觉得亏。"

为此,郭明义在单位里又重新得到了傻子的称号。不过这次,他从容淡定了许多:既然都说我傻,那就一门心思傻到底吧。在新岗位上,他依然认真细致,有人为此还嘲笑他说:"这个大老爷们儿当瞎了,比女人还心细呢。"

正是这个心细较真的郭明义,不久后就又干了件让大家都瞠目结舌的事情。

1991年2月郭明义参加了全国统计员统一考试,又考出了少见的高分。这考试分3门,共计100分,许多统计学专业毕业的大学生都名落孙山了,而郭明义竟然考了70多分,顺利拿到了证书。大家一见不得不服了,这傻子还真像传闻中那样干啥像啥，是个要强的人啊。

　　成为国家正式统计员的郭明义本想在这个岗位上继续干出点成绩来，但不久，矿领导就找到他说，统计员这岗位不适合男同志，矿上想换个女职工。郭明义听后还是说，没问题，立刻收拾东西，转到矿机关生产科的生产技术室当职员了。

　　从复员到分流后，郭明义先后干了六七个新岗位，在每个岗位上他都当上了先进，用他自己的话说："没有干不好的岗位，只有干不好的人。"

　　在这次分流中，他兑现诺言，为大伙都找到了出路，关键时刻给了别人一次转机。或许真应了傻人有傻福的话，属于郭明义自己的事业转机，也很快就悄然到来了……

意外机遇

1992年，国家"七五"阶段的重大项目——齐大山铁矿扩建工作进入准备阶段，目标是要建成亚洲最大的露天铁矿。由于要引进大量的外国技术，就需要直接跟外方技术人员沟通的翻译，但当时矿山此类人才特别紧缺。为此，鞍钢给了矿山4个指标，进入英语强化班学习。矿上顺利推荐了3个人，都是学习相关专业的大学毕业生，但最后一个人选，领导班子觉得应该从基层工作人员里选拔懂机械、懂矿山、会操作，既有丰富经验又有英语底子的。而在当时，这样的条件却难坏了大家。

原因很简单，那时候高学历技术工人还没有普及，在大伙眼里，懂机械的操作工人跟会外语的知识分子实在搭不上边。就算能挑出几个吧，也是刚在一个部门工作不久的，哪里谈得上能弄懂整个矿山各部门的工艺流程呢？

结果有人一拍脑门，想到了郭明义。他懂机械，懂矿山，经验丰富啊。

不过反对的声音也不小：郭明义虽然上过夜校和党校，但不是大学科班出身，就算自学过英语，也从来没露过这才能，在矿山里靠自学的"土包子"，能胜任得了么？

其实矿长一开始也没有把郭明义纳入视野，但随着每天有大量人来走后门找他疏通关系,争取这个机会,矿长突然弄明白一个道理:来找他的这些人动机都不纯,都想着借此机会学外语、当翻译,跟外国人搭上话,奔个更好的出路。要把机会给这样的人,败坏了风气不说,没准还会给矿上带来损失呢。

在当时,崇洋媚外是一种普遍的思潮,加上整个鞍钢都处在改革的瓶颈期,成败未知,人心浮动是难免的。但矿长一心为公,他打定了主意,这口子绝不能开。

正因为走后门的多了,让矿长不胜其烦,他才猛地想明白了:知识不都靠学么,既然这样,还是要找一个对矿上忠诚不二的,谁最符合这条件呢?当然是郭明义。他干啥像啥,这些年来任劳任怨,种种表现大家都看着呢,找他准行!

即便这样,矿上领导还是担心郭明义的英语底子太差,真要推荐上去了,没准要闹大笑话。但机遇这东西要来的话谁也挡不住,无巧不成书,当时正好赶上郭明义的国家统计员证书下来了,证书的一页上写了密密麻麻的英文。于是矿长不动声色地找来郭明义,试探他说:"郭明义,你这证书上写的是啥啊,给我念念。"

郭明义随便瞄了一眼上面的英文,立刻流利地讲了出来,弄得大家像听天书一样。见大家不懂,他就用中文重头到尾翻译了一遍。

矿长心里有数了,不过他还是找来一个英语老师,细致地跟郭明义交流了一番,英语老师也觉得很满意。这下子,矿长算是吃了定心丸——就郭明义了!这小子真人不露相啊。

可是他哪里知道,郭明义从几年前在党校学习时,英语水平就是全班最好的,不仅如此,后来这些年,即便遭遇下岗分流,

工作再苦再忙，他也没有断掉英语的学习。语言这东西跟智商无关，全靠苦功夫积累，既然英国傻子会说英语，那么郭明义这个中国"傻子"为什么不能靠苦功夫堆出英语底子呢？

郭明义对领导的试探浑然不觉，直到矿上找他谈话，安排他去干部管理学院英语强化班参加为期一年学习深造的时候，他还愣了半天呢。

不过很快他就回过神来，接受了这个光荣又艰巨的任务。那一年郭明义已经30多岁了，记性和精神头都比不了20来岁的小伙子。但十几年来"苦心经营"的英语底子毕竟不是白给的，因此到了英语强化班学了一阵子后，他反倒成为了全班进步最快的学员。

这更加坚定了郭明义的信心，他知道英语一是要靠苦功夫背，二就是要营造一个语言环境。上了英语强化班，就不再是从前自学时候的纸上谈兵了，而是真刀真枪的实战。

为此，他花掉了本来准备给妻子买戒指的钱，买了此生唯一一件奢侈品——录放机，成天抱着它听英语磁带，背课文。不光这样，还在每天上下班和上班休息的时候旁若无人地大声朗读出来，刮风下雨从不间断。

当时的外语还没像如今这样普及，英语这东西叽里呱啦的，谁都不明白，大家听后都说，郭明义这傻子怎么又冒出新傻气了？

不过这回，郭明义没听着，因为他耳朵都被录放机占着呢……

就是靠着这样的功夫，短短一年时间，郭明义的口语有了大幅度提高，到了强化班结业的时候，已经可以跟外方人员进行直接交流了。

准备充足以后，凡事要求做到最好的郭明义没有停下脚步，而是打算巩固成绩，找真老外"实战"。为此，他挤出时间，自费报名参加了远在鞍山的辽宁科技大学英语夜校，拜那里的外教为师，挤出所有时间，开始了新一轮的刻苦攻坚。

当时所有参加英语夜校的，都是向往国外的小青年，他们大多都做好了出国准备，来学习都是为了过语言关，对这一点，外教心里也有数。但郭明义心里却不是个滋味，他不想让那些孩子忘记自己的国家和民族，因此只要一有机会，他就以练习英语为借口，向外教和其余同学普及中国文化。

外教起初只是觉得新鲜，直到有一个暴雨天，谁都没来上课，他来到教室的时候，发现只有郭明义一个人浑身湿漉漉地笔直坐着，等着老师来。外教感动极了，虽然只有一个学生，他却发挥了120%的水平。而且从那以后，外教跟郭明义的沟通越来越多，也越来越深。又是几个月过去了，当外教确认郭明义来学习的目的真的不是为了出国，而是要代表自己国家参加国际交流的时候，他已经从感动变成了敬佩。

那时候，但凡是来到中国奉献的外国友人，又有哪个是为了赚钱呢？都是为了国际交流的远大抱负。在这一点上，外教把中国工人郭明义看成了知音，不遗余力地帮助他，甚至还跟他到了鞍钢一同生活。

1992年的国庆节，郭明义教会给外教唱的第一首中文歌曲，就是《中华人民共和国国歌》。就在老外一脸严肃地跟他齐唱中国国歌的时候，郭明义哭了，那是从他心里流出的泪水。

"义"这个字的魅力，在于选择，尤其是危难时刻的选择。这么多年来，郭明义选择了雷锋，选择了奉献。如今在改革开放的关键点上，他又选择了科学技术，选择了为国奋斗。那些个人

主义、拜金主义、背信弃义、崇洋媚外等种种不良思想，在他坚定的选择之下，渐渐彻底离他远去了。而他也变得更加乐观从容，踏实前行，就像一只萤火虫，不遗余力地发光，去温暖他人的心。

这种力量，慢慢跨越了语言，模糊了国界。

1993年，齐大山铁矿改造工程正式开工，已经做好充分准备的郭明义下定决心，要在新的岗位上，不光为自己的人格，也要为国格而奋斗……

国格高贵

1993年的齐大山铁矿改造工程,目标是建成世界一流、亚洲第一的露天铁矿。矿山的改造不同于一般工厂,不是盖两间厂房、增加几条流水线的问题,而是生产器具的全面换血。简单地说,就是要引进当时世界上最先进的、载重154吨的生产汽车——电动轮。

要跟世界一流技术接轨,郭明义别提多高兴了,他和许多职工一样,一家三代都是矿工,对矿厂有着很深的感情。1948年,鞍钢的统治者日本人就曾经狂妄地说过:鞍钢要想在中国人手中复兴,需要美国人的钱,日本人的技术,以及20年的时间,少了任何一样,你们就还在这儿种高粱吧。而新中国的第一代鞍钢人不仅用10年时间打破了这个预言,而且没有接受任何援助,白手起家,维护了新中国的钢铁命脉和国家尊严。

1982年,郭明义清晰地记得,来鞍钢参观的日本工程师脸上那鄙夷的神色。正是那个神态激发了他们的父辈奋力拼搏,以肌肉拼机器,以汗水铸钢水,让"鞍钢宪法"写进了全世界企业管理的教科书中。

20世纪90年代,时代的接力棒传到了郭明义这一代的手中。一个人的力量或许不能改变什么,但不能阻止使命感和荣誉感都

很强的郭明义义无反顾地投入到时代的洪流中，发光发热……

按照矿山的部署，从英语强化班毕业的郭明义被调到了扩建工程指挥部，任现场翻译兼资料翻译。在这个岗位上，他一干又是3年。

载重154吨的电动轮，不可能从任何地方直接运过来，只能是运送零件然后组装，为此外国的工程师和技术工人都要赶来现场，郭明义的工作就是为他们担任翻译。这对于已经和几位外教朝夕相处一年多的他来说，并没有什么心理压力。然而在短暂的见面和熟悉之后，郭明义发现事情远远没有他想的简单。

原因在于外教不完全等于外国人。前者在中国生活了多年，是中国通，而且教员会迁就自己的学员。而后者刚来中国，什么都不懂，其中很多固执的观念和原则在中国人看来实在格格不入。此外，前者教授的只是日常词汇，而且是一国的日常词汇，而后者则更多的是专业技术词汇，并来自很多国家和地区。美式英语、英式英语和澳洲英语虽然都叫英语，说起来却不尽相同，就好像东北话、西北话和云南话都叫中国话一样。

所以一开始，大家在一起就麻烦不断：专家们来自美、英、澳大利亚等6个国家，他们内部各自的文化差异和教育背景尚且需要磨合，而且每个国家都有自己复杂的专业词汇和技术资料，如何让中国人完全领会，就更加麻烦。整个团队经常面临这样的困境：要么是翻译表达不出来，急得老外直耸肩膀；要么就是翻译理解了，但老外之间还有分歧，而这些分歧却没办法很好地传达给中方……

在事实面前，一向要强的郭明义觉得羞愧难当——自己辛苦准备了一年，怎么笨到连句外国话都沟通不明白呢？而他这个环节只要不顺，全矿山几千职工就只能干等着，长此下去损失有多少？大家等不起啊。

想到这儿，郭明义的犟劲儿上来了。翻译再难不也是说中国话嘛？技术再难懂那不也是单词嘛！干脆发挥"蚂蚁啃骨头"的战略，重点解决单词，宁可一个词一个词往外蹦，也比现在僵在原地强。

打定主意后，郭明义干脆把家里变成了英语角：他把电动轮说明书上的单词一个一个地对照字典查出来写在纸片上，把家里能贴的地方全都贴满了，然后开始"疯狂"地背诵。吃饭、睡觉、上厕所全都是英文，甚至跟妻子说点私房话的时候，都往外蹦英文，经常让老婆哭笑不得。

同时，他参加了中央党校的函授学习，特地选择了英语，训练自己的口语和翻译能力。

就这样磨合了一阵子，郭明义从一个单词一个单词地猜，到用词组解释单词，再到完整的句子，最后到同步翻译，在跟外方技术人员的沟通中实现了大踏步的飞跃。原本在四个翻译中，他年纪最大，底子最薄，又不是科班出身，可慢慢地，他变成了外方工程师须臾不能离开的、最受信赖的伙伴，自然也成了中方翻译队伍里不授衔的领导。

深受信任，重任在肩，郭明义就更不敢懈怠了。他雄心勃勃地决定，不仅要做好翻译，还要"多管闲事"，向外宾学习电动轮相关的技术。要知道每一部电动轮都价值千万美元，须臾的马虎都可能造成严重的损失，所以他要替矿山的中国工程师们把好关。

按理说这算利用职务之便"偷师学艺"啊，但外宾们被他的敬业精神所感动，不仅在现场传授他相关知识，而且还更加信赖

他，愿意和他做朋友。

为此，他们向矿领导提出，郭明义是他们最信赖的伙伴，希望能在担任翻译之余，让他做他们的司机。外方人员与我们的观念不同，不习惯加班加点，更不习惯高强度工作，他们更注意休息和到大自然中旅游。因此，要求郭明义兼任司机，不仅仅是信任，还有点"公私兼顾"的意味。

此后3年中，郭明义成了外宾的司机，24小时随叫随到，从来没有耽误过。而在外宾看来，这属于郭明义的兼职，并不是工作职责，应该给予小费。所以每次出车后，他们都会拿出几美元给郭明义，酬谢他的辛苦。

几美元就是几十元人民币，当时郭明义每月的工资只有两百元，这是一笔多么诱人的收入啊。但郭明义知道，这钱他不能要，因为他是中国人，不是美国人，在中国就要按照中国的规矩行事。

为此，他每次都谢绝了。这让外宾十分不理解，对此，郭明义总是认真地对他们说：中国不兴这个。中国人讲究的是仁义，就像西方人所说，赠人玫瑰，手有余香。

而在这个时候，鞍钢的经营上也遇到了少有的资金困难。一方面是引进技术搞扩建要花钱，另一方面则是由于生产成本大幅度提高了。最后，企业困难到连买煤的钱都要向职工借，更别提按月开工资了。

恰巧这个时候，郭明义知道了"希望工程"这个名词。一贯见不得别人受苦的他，对于教育更是重视，可没了工资，家里经常断米断炊，实在没钱去搞捐献了。

不过聪明的他很快就瞄准了自己身边的老外伙伴，他们拿的是国外的工资，吃穿不愁，手有余粮，公益活动是没有国界的，这不算给中国丢人。于是郭明义只要一有机会，就向老外热情地宣传希望工程。外宾们信任郭明义，也愿意给中国作出奉献，这意外地促成了不少"海外汇款"。

人都是不比不知道，反观另外几个翻译，他们羡慕外宾富裕而惬意的生活，更加梦想着借此千载难逢的机会搭上海外关系，因而经常在外宾面前表现出来想要过小资生活的愿望，到了后来，甚至都不避讳郭明义了。为此，郭明义不仅对吃苦甘之如饴，也经常奉劝周围人多为集体作贡献。

有人因此不满地回答说："老郭，你傻啊，老外过的日子那才叫人过的日子！"

言外之意，郭明义现在是最受外国人信任的，只要他也出面说句话，外国人也许真的会动心。

但郭明义回答说："我再傻也知道肉香，但我们还没穷到吃不起肉的地步。何况世上只有一个月亮，现在是他们的圆，要不了几年，就会圆到咱们头顶上。"

这番话，不是自我宽慰，而是远见卓识，更是国格高贵。

周围人没办法，只好继续说他傻。但让大家都吓了一跳的是，郭明义傻得越发来劲，不但不羡慕外宾，反而开始"得罪"他们了……

公私分明

　　领不到工钱的日子里,郭明义非但不发愁,反而更加来劲。他这个人永远是轻物质,重信仰。全矿山勒紧裤腰带,将来追赶上世界先进水平,那多扬眉吐气呀,好日子也就随之到来了。为此,他在外宾面前表现得更加有底气。

　　不过,精明的外国人很快就发现了其中的"猫腻"。尽管郭明义很要面子,不在外国人面前露出半点中国人的短,但总有一些主动献殷勤的人,自觉不自觉地把中国和鞍钢的一些不太光彩的"秘密"告诉外国人,博取他们一笑。这其中,就涉及不少郭明义是傻子以及他家穷得揭不开锅的事。

　　郭明义听后十分气愤,他弄不明白这群人的心态,在外国人面前揭露中国人的短处,以此套近乎、献媚,这还有一点立场么!不过令他欣慰和佩服的是,外国友人根本没有听进这些话,没有因此鄙视和疏远郭明义,他们反倒热情地关心起好朋友郭明义的生活来。

　　慢慢地他们也发现了郭明义经常不吃午饭,却挺着说不饿,说自己家里很好,他很知足,这不是此地无银三百两么?外宾判断郭明义已经到了一文钱难倒英雄汉的程度了。这时候,他们出于感情,就凑了一笔很丰厚的钱,偷偷往郭明义的兜里塞。

郭明义却坚决推辞掉了，他坚持说家里有积蓄，不缺钱。这个时候的他，没有感受到受人帮助的温暖，反而觉得耻辱。一方面他觉得，虽然中国人工资水平低，但毕竟是自食其力，一刻半刻苦点这没什么，要是这时候拿了人家的钱，就会矮了一截，丢了自尊；另一方面他也觉得，中国人自己能解决的问题，就不要麻烦别人，这也是尊严问题。何况他为外国友人做这些事情，是回报他们支持矿山建设，而不是图钱。从小连破袜子都不往家捡一只的他，如今更不会起什么非分之想了。

郭明义越是这样，老外越觉得他这个人挺高尚，值得帮助。既然钱不收，那饭总该去吃吧？况且中国人不是讲究用吃饭沟通感情么。于是外宾经常提出请郭明义吃饭，"增进感情"，去的还都是饭店。没想到郭明义一样拒绝，他说中国也有句俗话，吃人家的嘴短，无缘无故的，又不是工作餐，他不能去。

一来二去以后，外宾就都放弃了，不过他们对郭明义的敬重也与日俱增。

其实，郭明义也很感谢外国朋友们的关心和赏识，不过感情归感情，合作归合作，遇到了问题，他还是会跟他们争个脸红脖子粗。有一次，在组装了一台电动轮机车后，成功运转了起来，外方技术人员认为是大功告成了，可当过汽车兵、对发动机声音特别敏感的郭明义却听出不对劲，坚持要停机检查。外国人不干了，一来郭明义只是个翻译并不是质检人员，二来按照合同规定只要运转起来，外方就不再负责质量问题。双方因此爆发了激烈的争执，老好人郭明义也头一次这么生气翻脸。他拿上一部照相机，冒着危险打开机车的发动机，钻到了里面拍下故障部位的照片，并且撰写了中英文对照的说明，还找来了中方的技术人员和

他一起据理力争。最后，在事实面前，外方技术人员承认是由于自己的失误，将部件错误组装造成了磨损。事后，外方赔偿给鞍钢经济损失整整十万美元！

或许在一般人眼中，人家这么好心待你，你还拆人家的台，这简直是太不讲情面了嘛。但外国人非但没因为这件事疏远郭明义，反而更加称赞他，甚至好到了中国人所说的"八拜之交"的程度。

仁义，重视国家荣誉，技术过硬，这样的好员工，换谁谁都想要。因此，老外们也动了挖墙脚的心思。

不过他们没敢直接找郭明义谈，怕他直接拒绝以后伤了彼此感情，影响将来合作，于是就采用迂回战术。正巧郭明义身边的三个同事对国外很有兴趣，外国人就顺势挖走了他们三个，还特地让郭明义知道，借机试探他的态度。

令他们放心的是，郭明义对此似乎并没有什么厌恶的情感。但他们并不知道，郭明义身上的美德除了仁义、重视荣誉以外，还有一点就是宽容，从人们骂他傻子的那一天就开始了。各走各的路，并不强求，更不用什么道德标准来"绑架"别人一定要怎么做。

不过，只要他对此不厌恶，外国人就觉得可以进行下一步了。于是美国犹格里德公司澳大利亚售后技术服务部中国区总管开始频繁地跟郭明义套近乎，夸奖他的奉献精神、敬业精神和过硬技术，并且表示自己的公司十分渴望这样的员工加盟。

郭明义听后只是表态说谢谢，但对"加盟"一事只字不提。第一次伸橄榄枝失败了。但紧接着，就有第二根橄榄枝。这次外国人更加仔细地揣度了郭明义的心理，开出了诱人的条件：加入他们公司后，可以做外资企业驻中国的代表，不用离开祖国不说，还可以继续为祖国的经济建设服务。与此同时，工资可以达到现在的六七倍，如果觉得不满意，还可以继续提高，这还不算上年终奖金和红包。这样一来既为国尽忠还能让家里富裕，两全其美呀！

这次郭明义没有不假思索地拒绝。是呀，换了谁不会心动呢？在外企干两个月等于过去在齐大山干两年，而且还照样为家为国出力，有面子，又有"里子"，真的是很不错啊！

然而思前想后，郭明义还是婉言谢绝了，理由是因为鞍钢。他有今天，鞍钢的恩情绝不能忘。一次上夜校，两次上党校，还有后来的英语强化班，哪一笔费用不是鞍钢掏的？如今自己长了本事，受重用、受赏识，可是鞍钢需要他完成的使命才刚开始，这就走了，那叫忘恩负义，将来还不得被人戳脊梁骨么！

何况在他心里，钱怎么挣，挣多少，都取决于一个人是否热爱生活、热爱家庭、热爱企业、热爱国家、热爱别人，没有这份热爱，挣多少钱都是没有意义的……

所以，郭明义告诉外方主管，谢谢你们的好意，不过我对自己的企业有感情，也对企业的发展有信心。

主管听后竖起了大拇指说，鞍钢有这样的员工，腾飞是早晚的事。

很快，33台电动轮全部组装好了，外国技术人员马上就要撤离。临走之前，他们特地送给郭明义一块价值1000多块钱的金壳表，以此象征在他们心里，郭明义的品质像金子一样珍贵。郭明义照例想退掉，可这次老外竟然有些生气了，他们说，郭，你该不会真是个无情无义的人吧？

几番推让，盛情难却，郭明义只好收下，并跟这些外国朋友依依惜别。可是到了晚上，他躺在床上捧着这块金表时，却辗转反侧，焦虑、紧张、愧疚、害怕，

与外国友人在一起

什么心情都有了。就连分流时都能熟睡的他竟然连续失眠，妻子见状就劝他，为了一块表，何必呢，就当咱捡的，明天送矿上去。

结果第二天一早，郭明义就把金表送到了自己科室，并且再三跟领导说，一定要交给纪检部门。这下可把领导给难坏了：这郭明义真是傻子啊，大家都知道这是外宾私下赠送的礼物，本就该自己留作纪念，交公算怎么回事，何况还要交到纪委去，这不是没事找事么？

所以领导只是跟他打哈哈，打算先扣下，过段时间再找个理由，把金表由公家奖励给郭明义。没想到郭明义还较上了真，隔天就问一次，"交没交到纪委啊？"科室领导哭笑不得，只好尊重他的意愿，把表交到了矿上的纪委。

最后，还是由纪委出面宣布结果说，郭明义同志收金表，不算违纪，他才安心地干自己的活儿去了……

常言道，心底无私天地宽，仁义的郭明义重视的从来都是信仰、品德、荣誉，在这些东西面前，公私的界限自然而然地清晰而严格起来。

电动轮造好了，有车不能没路，修路的工作很快就提上了议事日程。这次领导们没有丝毫犹豫，他们不约而同想到了郭明义……

筑路深情

矿山人都明白,有了车,还要修路,修路重于修车。载重150多吨的电动轮机车,要配合平坦的专用道路才能发挥效用。在国外铁矿,通常都是为它们修建专门的柏油马路,但在齐大山,这几乎是不可能的事情。一来铁矿为了扩建勒紧了裤腰带过日子,实在没办法拿出修柏油马路的钱了;二来齐大山矿脉的分布比较散,矿石品相的优秀程度也仅仅有国外的三分之一,所以采矿时道路的走向要经常变化,不适合修路。

这种情况下,矿领导决定还是修土石路。可麻烦随之而来,谁来养护和监管这样一条生命线呢?要知道土路经常"翻浆",坑坑洼洼是常有的事儿,一般的

筑路情深

小车也就罢了,要是电动轮这样的大家伙陷在泥里,或者发生侧翻,都没有能吊起它的东西来,基本上就等于是报废了。

因此,负责采场公路设计、建设和养护的公路管理员就显得特别重要。这次领导们心里明镜似的,非郭明义莫属。但是大家

又不约而同犯难了,这个工作天天跟尘土沙石打交道,劳动量又异常地大,甚至日夜陪伴这些大家伙,危险系数还高。如今的郭明义一身本事,连老外都接连挖了几次墙脚,立下如此功劳的他,没有升职反而派去做管理员,总有种让好人吃亏的感觉,领导们自己都觉得不好意思张口。

可不说也不行,因此领导硬着头皮找郭明义谈话,没想到郭明义也正想为这件事找领导,他很痛快地就答应了下来。

郭明义说:"我只有1个女儿,但现在多了33个儿子,这些电动轮是我亲眼看着从零件变成高塔的,让我当它们的保姆,就像亲妈找回了自己的孩子,我没理由不爱它们。"

于是双方一拍即合,郭明义走马上任。在这个岗位上,他一干就是15年,而且一直是普通科员。直到2010年,领导实在觉得过意不去,硬塞给他一份副科级待遇,但他本质上还是科员。没有丰厚的报酬,没有对等的待遇,郭明义完全是为情而筑路。这种情,正是对自己事业的由衷大爱。

此后,每天5点40分,郭明义都会准时来到采场公路,步行至少10公里,检查路面情况。15年来,他至少走过了6万公里。

为此,他每天4点就要起床,整个矿工家属院里只有他家孤灯独明。妻子为他做了早饭以后,还得再去睡个回笼觉。而43公里的道路,都是盘山道,一圈圈盘旋着,从海拔几十

采场公路旁

米高的顶部一直到200多米深的地下，都需要他一步步走完，然后指挥其余护路工人，哪个地方该填，哪个地方该补。

其实郭明义有自己的办公室，但是工友们从来没见到他坐在里面悠闲过。隔着窗户看里面，却每天都窗明几净，显然是主人精心打扫以后，又到前线去了。正因为对工作的热爱，有时候郭明义也干了不少"越俎代庖"的事儿，让负责公路监管的主任和上级主管部门都没事可做了。为此，主任还特地提醒过他："郭明义，天下的事你都不放心，把你累死得了。"

郭明义一听也跟主任急了："耳听为虚，眼见为实，这路我不亲自指挥修，心里就不托底，再累我愿意呀。"

两个人经常犟在一起，最后都是主任投降，由着郭明义来。

为此，有人老生常谈，说郭明义傻，这倒是为郭明义自己和别人都找到了理由：郭明义自己愿意傻下去，别人也自我安慰说不能跟傻子一般见识。

不过，十五年如一日，就靠步行，每天走完十几里甚至几十里山路，这一点全齐大山铁矿没有一个人不服。大家每回谈起郭明义负责的工作，都会互相问，这活儿要摊在你身上，你能坚持几天？有的说两三天，有的说一个礼拜，有的说俩月，最长的也没有敢吹嘘说超过半年的。

唯有郭明义坚持下来了。不是靠着坚定的信仰和意志，任何人

指挥电动轮

恐怕都做不到这一点。

而他每天的准时，也让所有值夜班者省去了闹钟。郭明义来得早，不仅完成了自己的任务，还经常给值夜班的工友鼓鼓劲，让大家争取在交班前多赶出点活儿。

对此感触最深的是郭明义的发小张毓春，他后来被调到矿上机关大楼做值班员，每天早晨5点，郭明义一准就会来敲门，从来都是前后差不了三两分钟。有一次，大年三十，郭明义从采场回来已经半夜了，他还得回家休息和过年。为此，张毓春就和另一个值班员老马打赌，说你看吧，5点钟，他一准会回来敲门。老马不信，俩人私下压了50块钱重注。结果到了5点，郭明义果然来敲门了，而且还带了热气腾腾的拜年饺子，在他们面前，笑呵呵地行了个军礼。随后，到办公楼里换上了工作服，大踏步地去了采场……

如果不到现场，谁也无法理解郭明义的艰辛。走山路可不是沿途赏景，而且环境的恶劣难以想象。

首先，为了不阻碍电动轮的视野，整段公路上是不能有任何遮挡的，这就意味着几十公里的路上连一处阴凉都没有。无论冬夏，天天暴晒，这就让郭明义晒得比全矿任何一个人都黑。

其次，公路是依山而建，为了保证电动轮有充足的空间，人走的便道就只能将就。因而很多路段曲折陡峭，都是用碎石和浮土堆成的，最险的地段斜度超过了四十五度，而且落差上百米，稍不留神掉下去就是粉身碎骨。

最后也是最艰苦的是，深凹200多米的采场，像一座天然的保温箱，形成了自己的特殊气候。夏天暴晒高温时有40多摄氏度，人进去以后连汗都出不来，简直就是蒸笼；冬天鞍山经常零下 20 多摄氏度的气温，采场比这还要低五六摄氏度，穿着羽绒服都冻得直发抖，更何况郭明义的耳朵曾经落下过挨冻的病根。每回走完，都又红又胀，钻心地疼。

2010 年，有一名新华社记者到采场现场采访郭明义，仅仅坚持十分钟，就晕过去了，让人"抢救"进空调室好一阵子才缓过来。可见在那地狱般的环境里呆上 15 年，都不仅仅是苛刻，而是对自己有着"变态"般的折磨。

而随着郭明义年纪越来越大，威信越来越高，很多职工都觉得不忍心。有人曾经多次劝过他："郭师傅，咱们都是老哥们儿了，你这又不是刚当上管理员的时候，如今你在与不在，兄弟们都不会打折扣，何苦这么为难自己。"

郭明义回答说："我在这儿指挥，不是不相信大家，非要监督大家工作。而是咱这矿场热，你们又没空调，我躲在阴凉处看着你们遭罪，心里头受不了啊，还不许我跟工友们同甘苦共患难吗？"

这一席话，让听到的人眼泪都快掉下来了。而郭明义的最近一次中暑晕倒，是 2010 年 7 月 11 日，那时候距离胡锦涛总书记号召全国人民向郭明义学习的日子仅有 20 天。很多人都觉得他出名了，应该"脱离苦海"了，但没想到成为全国道德标杆的他依然准时出现在采场……

正是靠着异乎寻常的深情，郭明义坚守在最艰苦的地方，化作鞍钢腾飞的坚实路基，也最终让自己涅槃成为感动全中国的神话……

守望平安

如今的齐大山铁矿与昔日相比，现代化程度早已不能同日而语。在原先的33台电动轮基础上，又增加了几台世界上最先进的电动轮机车。每台自重100吨，载重195吨，轮胎直径4米，整车高度6米，每次开动都伴随着轰鸣声，像是开过来一栋栋移动楼房。别说普通人了，就算30吨的翻斗车，都还没有它们的轮子高。而像这样的大家伙，都有瞭望死角，电动轮机车的瞭望死角有15度，在这个范围内，司机是看不到周围物体的。

因此，包括鞍钢下属其他矿山在内的所有国内矿山，都曾经发生过破坏力巨大的电动轮碾压面包车、小货车等事故，而电动轮的司机对此却浑然不知。

只有齐大山铁矿，在郭明义和工友们的辛勤付出下，从来没有出现过一次安全事故。在郭明义身边，经常有电动轮、大型货车、翻斗车、推土机等大型机械

现场指挥

来来往往，这其中还要考虑到隐藏的山体滑坡等突发事件。在这

样的环境下，能够保持15年不出事，已经是近乎奇迹的纪录。

这样的成绩，首先要归功于郭明义的踏实肯干。而在踏实肯干中，必须要融入巧干。郭明义并不是个傻子，相反还很聪明，通过多年的努力，他不仅对养路护路、安全生产越干越熟，而且还摸索出了一套科学的管理办法。经过大胆的实践和创新，总结出《公路、支线、铲窝维护技术标准与考核办法》、《采场星级公路达标标准与工作流程》等技术标准和工作制度，填补了矿业公司采场公路建设上的多项技术空白。举个例子来说，一段刚刚修好的公路，被重达300吨的电动轮压过后，立刻变得坑坑洼洼，天长日久熟能生巧的郭明义到了现场后，不用仪器，不用测探，就在上面这么一走，用自己的脚底板就能测出哪些地方该修，哪些地方该补。到了最后，即便被电动轮碾过，路面平整得就算是开着轿车上去，也不会感觉到颠簸。

不仅自己干得明白，也能把别人教明白，这是一门文武双全的功夫，也是郭明义工作的突出特点。

其次要得益于他的专注和执著。无论风霜雨雪，他都把公路的安全放在首位，满脑子里想的都是这些，甚至忘记了自己。

就像2006年7月的一天晚上，突降暴雨，正在睡梦中的郭明义一听见雨打窗玻璃的声音，就腾地一下子坐了起来。他的脑子里立刻浮现出白天刚刚铺好的一段公路，那里还没有被压实，土质很松，遇到大雨，要是发生滑坡怎么办？所以他套上衣服就往外跑。

倾盆大雨中，郭明义从高度差90多米、倾斜角45度的山坡上直接抄近路过来了，他每走一步，脚下就不断有石头和泥土哗哗地作响，全都滚进了百尺深谷中。他鞋跑丢了，浑身都是擦

伤,愣是不要命地赶到了事故现场。

到了现场一看,情况果不出他所料,由于山体滑坡,新路段已经完全变形走样了。这让值班修路的工人全都傻了眼:这么严重的事故,要是贸然让抢修机械上去,跟着一块滑坡、车毁人亡了怎么办?可要是不抢修,明天一早上工,各种机器堵在这里,乱子更大。郭明义第一句话就是:"那段路我熟悉,大家跟我来,抓紧时间修路。"

在他的指挥下,很多人玩命的豪情也上来了,大家仅用了两个小时,就修好了滑坡的路段。事后,很多人看着郭明义浑身上下的惨样,眼里都含着泪。就连矿领导也急了,骂郭明义:"你不要命了你!"

郭明义听后憨厚地挠了挠后脑勺说:"急呀,慌不择路了……"

还有一次是2007年3月,矿上赶上了一场罕见的暴风雪。那时候郭明义刚把自己的大头棉鞋送给工友,他担心大雪封住公路,在家里坐不住了,穿上厚袜子和一双胶皮雨靴就冲了出去。从早晨4点半一直干到了晚上6点,总算及时清除了积雪,护住了公路。

结果,他的脚和雨靴就这么冻在了一起。工友们一见赶紧拥上来,用雪搓他的脚,一直搓了20多分钟,郭明义才有了感觉。矿办公楼值班员张毓春后来也帮忙搓脚,一边搓一边埋怨着:"我的傻哥哥,你都多大岁数了,不要命了!"

郭明义回答说:"路不通,我心里急呀,不去现场,我会憋坏的。"

那一天,工友们都哭了,纷纷上来解开衣服,用胸口给他焐脚。郭明义也哭了,他见不得别人受罪,更受不了别人对他的好

......

从复员到现在，郭明义像这样的义务奉献工作日，已经达到了1900多个，所做的好事不胜枚举。靠着他的带头打拼，采场公路成了矿山里名副其实的钢铁生命线。道路建设减少了大量工期；每年为企业节省1500多万资金；道路质量好，减少了车辆轮胎和配件的磨损，多年来又累计省下了3000多万；2009年国际金融危机时期，他组织保产突击队，带领一线工人为矿山节能减耗3600万元。

照这么算，他一个普通的公路管理员，却早已经"身家过亿"。

即便这样，郭明义仍然天天蹲在公路上，十几年来，只请过一次假，还是因为张毓春的老母亲去世，他和老太太情同母子，赶去守孝。

15年来，他没有动过一丝离开岗位的念头。这几年，矿上领导考虑郭明义年纪大了，好几次都想给他调换一个相对轻松的岗位，可每次他都谢绝了。

郭明义说："我身体挺好，在这里工作挺顺心、挺舒服的，和路感情深了，也离不开了。"

直到现在，郭明义出名了，在全国都有很大的影响。有人劝他："你也算是功成名就了，这回可以离开第一线了吧？"

郭明义回答，越是这样，越不想离开。

2010年10月，郭明义在人民大会堂做完报告回到宾馆后，首先想到的还是工友。他赶紧去商店买了糖和北京特产，返回鞍山，第一时间就奔到采场去，把礼物发给了工友们。

郭明义自己说，他最怕听到的一句话就是：老郭出名了，离咱们就远了……

在这个岗位上越干越踏实、越干越起劲的原因,说到底是因为郭明义的成功观跟别人不一样,用他自己的话说:"我干公路管理员,比我干任何其他工作对企业的贡献都大,我何乐不为呢?"

成功的意义和价值有时候并不能用金钱衡量,而是要靠"幸福指数"。幸福的核心在于每一天都过得有意义、有贡献、有价值。

从仁义的秉性出发,到领悟幸福的感觉,最终淬炼出高尚的价值观,这就是郭明义步步升华的过程。

侠肝义胆

侠肝义胆，不顾性命，这是工友们对郭明义的普遍评价。不管遇到什么事儿，郭明义都是不躲不怕，正面积极地解决问题，想做就做，任何时候都流露出一股子阳刚血性。他不仅在本职岗位上干得好，悟得透，而且喜欢"多管闲事"。而这么一管，也就管出了"大神"、"大侠"的称号。

2007年，铁矿石和柴油的价格节节攀升，很多不法分子因此瞄上了齐大山铁矿的采场。偷出一车矿石，能卖上万块钱。而铁矿和鞍山、辽阳的14个村落接壤，面积太广泛，想从源头上封闭，禁绝偷盗，是不太现实的事儿。为此，矿上发动了声势浩大的"矿产资源保卫战"，成立了两支护卫队。在工友中威信甚高、一直以不要命著称的郭明义成了其中一支队伍的队长，负责采场晚间的巡逻和保卫。

齐大山本地有一伙小流氓，干惯了这种买卖，加上在当地人头熟，就拉帮结伙，人人腰上别着一尺来长的"大片儿刀"，夜里跑到矿厂来公然打劫，谁拦着他们，他们就捅谁。矿里的值班员早就被他们给吓坏了，经常无奈地眼睁睁看着他们拉走矿石。

这种现象到了郭明义手里才算彻底终结。都是当地人，彼此知根知底，郭明义很快就摸清了这伙小流氓的行踪。有一次，他

直接跑到他们的据点里"单刀赴会",把他们全堵在了老窝里。

郭明义劝他们从此收手。小流氓们当即拿出了刀,在他身上晃动。郭明义只是冷笑说:"怕,我就不来会你们了,除非你们真有胆捅死我。"

小流氓们被这么一激,有的服软了,有的则不信邪,摆出了一副"下杀手"的架势。

郭明义睁圆了眼睛,大骂他们:"别跟我装,你们穿开裆裤的时候,我就认识你们,滚!"

这下子可打中了小流氓们的软肋。那时候郭明义在齐大山已经是家喻户晓的名人了,虽然还是有不少人说他是傻子,但要说没有受过这傻子半点恩惠的还真是少见,而且人家施恩从不图报,你说要是一见面就把人家真扎死了,乡亲、邻居之间可怎么交代呢?何况郭明义坚持原则不要命也是远近闻名的,要是真的拼起来,人家算烈士,光宗耀祖,自己这边却难免有伤亡,怎么都不划算啊……

来硬的看来是不行了。不过还是有心眼活泛的小流氓拿出钱来,往郭明义的兜里塞。没想到郭明义更加生气了,直接大骂道:"滚!"

他们不知道,"身家过亿"的郭明义怎么可能贪图这点小利而坏了自己的信条,这对他来说是莫大的侮辱。

小流氓们没办法,只好灰头土脸地溜了。后来他们又到矿厂里去踩了几回点,可每次都"撞邪"似的碰到郭明义守在那里,像是算准了他们的行动似的。

所以,他们给郭明义起了一个绰号叫"郭大神"。一是说他是神算,每次一动坏心眼就被他逮着;二是夸奖他是矿山的守护神。日子久了，这一带的盗贼都约定俗成：碰到郭大神，当天的"买卖"就不能做了，也肯定做不成。

而"大侠"的评价，则是因为对付外来的贼。2007年6月的一个早晨，5点多钟，郭明义一个人在外巡逻，他发现了两名不法分子在偷大型机械的柴油，于是他大喊了一声"住手"，一边喊一边往前冲。

偷油贼被吓了一跳，连忙跳上事先准备的车，打算逃跑。熟悉采场所有公路的郭明义立即就把车子唯一的出路给堵死了。偷油贼狗急跳墙，轰着油门就冲他逼了过去。

郭明义纹丝不动，大声说："来吧，要跑，就从我身上压过去！"

两个窃贼真的遇到了不怕死的人，他们有胆子偷油，却还没胆子真的杀人，于是踩了刹车，落荒而逃。没过多久，就落入了法网。

事后有人"责怪"郭明义说："安全第一啊，就你一个人，万一人家真的狗急跳墙了怎么办？"

郭明义一笑："怕啥，没听过做贼心虚这句老话么？人都有两面性，你软，他胆子就大……"

类似这样的事情还发生过几次，每次都几乎是真刀真枪，而郭明义也每次都赤手空拳冲在最前头。用他自己的话说，有一点怯懦，盗矿的人就还敢来，我这么做，让他们胆寒和恐惧，才能镇住他们的气焰……

对付不法分子，郭明义从不手软；而对那些"蛀虫"，他也从不心软。

在齐大山铁矿，郭明义虽然只是个小小的公路管理员，并不是什么"官儿"，但他在矿厂人脉好，威信高，百余人的修路队

伍,也都心甘情愿听他的。想动用那些大型设备,也是举手之劳。因此,采场里那些承包小项目的私营老板,总想让郭明义"行个方便",调动一下铲车和电动轮,帮他们施工。大型设备动一下,解决他们的工程是小菜一碟,几万几十万的利润就赚到手了。为此,郭明义身边总是围着一群"走后门"的私营老板。

他们看到郭明义的手机,花三四十块钱就能买到,就把自己价值好几千的手机往他手上送;还将大把的钞票往他兜里揣。每到这时候,郭明义就索性"立正",把手攥得紧紧的,兜捂得严丝合缝,像铁塔一样屹立着不为所动,让对方的所有努力都白费心机。渐渐地,私营老板们摸透了郭明义的脾气,知道了他的事迹,也就不再动歪心思了。这么多年,采场和周围的私营老板都是"井水不犯河水",从没出过一件"行方便"的事情。

这么多年过去了,在采场,郭明义的威信越来越高。采场有几个车间交叉着工作,每个车间的职工都把郭明义看成不是领导的领导,不是工会主席的主席。同

用微笑感染他人

龄人叫他郭师傅,年轻人叫他郭大哥,晚辈都喊他郭叔叔、郭大爷,外面的"江湖人"叫他郭大侠。

或许连包括郭明义自己在内的所有人都淡忘了,曾经有那么多人叫他傻子。

郭明义有这么大的凝聚力,源自于他的人格魅力,说穿了,就是一个"义"字。十几年来,他风雨无阻地在这条路上坚定地

走着，慢慢抛下了所有疑惑，所有委屈。从一个初成的好人，变成一个纯粹的义人。不仅如此，他的魅力也渐渐感染着周围所有人，让他们潜移默化地接受了仁义、信念、荣誉这些高尚的字眼儿，并且时不时地转化成了行动。

义字当头，郭明义正在从自己一个人活明白向带领周围人、乃至全社会大多数人活明白的新目标前进……

第三篇 大爱无疆

忘我奉献

郭明义到底是个什么样的人？众说纷纭，没有人能下一个明确的定论。

有人说他是傻子，这些年来净做亏本的事儿，越吃亏，他还越来劲。

有人说他是怪人，他张罗的那些事情，一般人根本想不通是为了什么，但往往还就有什么结果在前面等着。

有人说他是大神，谁只要动了半点坏念头就会被他知道，这世上就没有能侵蚀他的坏水。

有人说他是大侠，只要有人遇到不平的事儿，他就能挺身而出，带着一股血性，甚至能豁出自己的性命……

当然，更多人叫他大好人。而郭明义自己的总结是：我就是我，不在乎别人说什么，一生都在活自己，简单。

要说好人，每个人的身上都有关心爱护别人的善根，但这个"大"字，却不是随便谁都能用的。从表面上看，郭明义帮助别人，已经到了"病态"的程度。

比如说，有工友跟他开玩笑说："老郭，你学雷锋学得那么好，我的工装破了，你把你的给我吧。"

郭明义听后二话不说，立刻脱下自己的工装，非要给那人换上，不换还不行。于是有人劝那个工友说，你可别跟郭明义开这个玩笑，他可是认真的。那人第二天想了想，也觉得有点过分了，而且还有不少人背后批评他说，你这不是欺负人吗？于是就想把工装还给郭明义，然而郭明义却不同意，说："男子汉大丈夫，吐口唾沫就是钉，哪能反悔？"

类似的事情还有很多。学雷锋献爱心，郭明义跑去动员人家，人家来气了，随便说了句："捐捐捐，你说的好听，我自己还困难呢，你看我穿的啥鞋，你敢不敢把自己的鞋换给我穿？"

郭明义听后二话不说，真的脱了鞋给人家。一双两双，人们觉得郭明义又傻又怪，但这么多年，一连换了几十双，谁还能那么想？

于是有人劝他说："老郭，你这又是何苦呢？"

郭明义笑笑："我岁数大了，穿啥都是穿。"

每次换鞋时，工友看着郭明义的袜子都觉得心酸：真的就像雷锋一样，新3年旧3年，补丁缝补丁又是3年。郭明义对自己抠门得一分钱都舍不得花，对别人

家中下厨

却二话不说掏心窝子。除了工装和鞋，郭明义换过的东西还多着呢：棉大衣、手表、防尘口罩、棉帽子、家里面的电视机、大米白面……他甚至不顾自己耳朵的老毛病，大冷天跟人换过耳罩；矿山远离市区，很多姑娘不愿意跟车间小伙子谈恋爱，郭明义就自掏腰包请他们吃饭，他最多欠过饭店2000多块钱……

久而久之，好好的一个家被他捐得家徒四壁。久而久之，整个矿山也都知道了，要是不困难，千万不能跟郭明义开这种玩笑，自己心里愧疚不说，一准儿还要被别人戳脊梁骨。

大家明白，那不是傻，不是怪，而是爱。

郭明义是发自内心爱大家，爱到忘记了一切身外之物。雷锋的战友、全国学雷锋标兵乔安山曾经跟郭明义碰过面，在看到了他的生活之后，劝他说："小郭啊，要在保证自己生活的基础上，量力而行啊。"

可郭明义说："我吃得饱，穿得暖，家庭和睦，工作顺利。"侧面绕过了这个问题。

后来乔安山把自己珍藏多年的雷锋像章别在了郭明义胸前，动情地说："你比我们做得好……"

郭明义不仅仅捐出了不少身外物，就连他自己，也彻底捐了出去。采场生产汽车的轮胎供应商钟明杰就遇到过不少这样的事情。由于业务往来，他经常和郭明义打交道，每次郭明义都"以权谋私"，拉上他去给希望工程捐款。钟明杰刚开始是为了生意、为了面子，可他渐渐也被郭明义感染。老郭经常捐款捐的兜比脸干净，回去只能蹭自己的车，每次遇到这样的场景，钟明杰都觉得自己拿出几百块钱，原来也不是件难事了。

给贫困学生汇款

而最让钟明杰感动的，还是2010年3月11日。那天，郭明义从报纸上看到，辽宁科技大学的一名21岁女生于雨含不幸患上了尿毒症，她的父亲因为心脏病丧失了劳动能力，全家只靠母亲的800元退休金过活。尿毒症需要换肾，这个贫困的家庭根本承受不了20多万的费用。为了于雨含，她的母亲准备割肾救女。

郭明义看后就坐不住了。他急着找到正巧来办业务的钟明杰，坐上他的私家车，一路赶到了鞍山铁东医院。钟明杰正在奇怪为啥老郭今天愿意"以权谋私"了，可一到医院他就明白，这又是做好事来了。

当时，郭明义身上只有200元钱，他二话不说都掏给了于雨含。钟明杰也捐得一分不剩。随后医生告诉他们，要救人，只能换肾。郭明义又是条件反射一样，急三火四地让医生抽血化验，准备捐出自己一个肾来救人。在旁边深受感动的钟明杰正巧也有个这么大的女儿，他爱心涌动，也跟着一块验血捐肾了。

医院里有不少郭明义的熟人，他们把郭明义要捐肾的消息告诉给了他的母亲叶景兰，叶景兰听后当时就蒙了。平日里儿子做好事，她都由着他，还鼓励他说自己有退休金，不用儿子补贴，做人就应该多帮助别人。但捐肾这件事，老太太高低不同意，她打电话又哭又闹，说身体发肤受之父母，这么大的事儿，你怎么就不跟我商量一下！

妻子知道了以后也捶着郭明义的胸脯大声埋怨，说你觉悟再高，自己的身体都不要了？讲奉献也要有个限度吧。

可郭明义依然坚持他的道理：人有一个肾就能活着，你不捐，我不捐，大家都不捐，难道要看着人家死不成？

最终，因为配型失败，郭明义和钟明杰都没捐成。郭明义听后只觉得遗憾,钟明杰除了遗憾,更多的是后怕。

再说于雨含的母亲知道了这个消息后,特别想找到恩人重谢他。听了医生护士的描述,她知道恩人是个工人。可是鞍山的工人这么多,到哪里找呢?没承想到了齐大山以后,一下子就把郭明义给找着了。所有人都知道,碰到这事儿,他会第一个站出来……

于雨含的母亲抓住郭明义就不松手了,随后就要给电视台打电话,她说活了一辈子也没见过这样的好人,一定要让所有人都知道。一看这样,郭明义反而不好意思了,他表态说,自己唯一的要求就是,不能把事情捅到电视台去……

郭明义的这种爱,已经到了忘我的程度。唯有忘我,才能把一切常人看来是痛苦的事情做得甘之如饴;也唯有忘我,才能感召周围的人暂时忘记自己的私利和欲望,加入到高尚的群体中。

渐渐地,很少有人再说郭明义傻了,因为大家都知道他的所作所为不是一个"傻"字能形容的。而郭明义的好事越做越多,范围也越做越大。从20世纪90年代开始,他就把目光投向了齐大山铁矿外面,那里有一个更为广阔的、需要他尽力帮助的世界……

传递希望

郭明义的大义,在于在人生充满诱惑的十字路口,他选择了高尚的那一边。在个人主义与雷锋精神之间,他选择了雷锋;在为己谋私与克己奉公之间,他选择了公家;在崇洋媚外和发扬国格之间,他选择了国家;在不惹闲事和行侠仗义之间,他选择了侠义……一次次正确的选择,最终成就了他这个高尚和纯粹的人。

郭明义的重要事迹中,投身希望工程、成为全国表率是其中最为闪亮的成就之一。

1994年以来,郭明义先后资助了180多名困难学生,把家里捐得一贫如洗。在鞍钢,除了贫困户,郭明义大概是唯一没有存折的人。而他最珍惜的,是放在

郭明义收到了数百封感谢信

办公室里的140多张汇款收据和200多封感谢信,这是他的精神存款。

1994年,"希望工程"这个词刚刚提出。当时的宣传图片是一个渴望读书的大眼睛女孩儿的黑白照片,它后来也载入了中国

公益事业的史册。

而郭明义看到这张相片的时候却哭了。堂堂七尺男儿本不该轻易落泪，但郭明义这个人天生泪腺发达，他爱哭，只是仅仅在两种情况下才哭：一是见到别人受苦；二是别人给自己奉献。前一种，实在算得上悲天悯人的泪。

看了那张照片，郭明义就坐不住了，他跑到共青团鞍山市委，在众多贫困失学的孩子中挑选了一个，捐助了200元钱。从此以后，他踏上了传递希望的道路。

如果说第一次捐款给希望工程只是直接的感动的话，真正让郭明义体会到希望工程意义的，还是一个叫王诗越的小女孩儿。

就在郭明义第一次捐助希望工程之后不久，他和工友到台安县义务劳动。在一间低矮破旧的土房子里，郭明义认识了王诗越一家。那时，年仅10岁的小诗越正站在板凳上，给躺在病榻上的妈妈喂药。

郭明义一见到这情景就受不了了。他立刻上前询问，于是了解到，王诗越是一个单亲家庭，父母离异以后，跟着母亲相依为命。后来母亲患上了糖尿病，家里的钱全都塞进了药罐子，变得一贫如洗。甚至为了节省扎针的四块钱，母亲也不得不让小诗越放学后动手，十岁的小女孩儿哪里懂得扎针啊，经常扎破母亲的血管，为此娘俩不知抱头痛哭了多少回。

从母亲的话中，郭明义还了解到小诗越的学习成绩非常好。但照这样下去，失学是难免的了，这将毁了孩子的一生。

郭明义被这个孝顺的孩子感动了，当即捐出身上的200元钱。而回到家以后，他越想越放心不下，王诗越的身影慢慢和希望工程宣传照片中的那个小女孩重叠在一起。所以他决定，每年

捐助小诗越1000元钱,帮助她读完小学、中学甚至是大学,钱汇出去了,郭明义才安心。

但妻子可从此不安心了:那时候他们两口子一个月的工资加起来才600元,资助王诗越的固定花销就占了大概六分之一,两口子上有老、下有小,家庭"财政"这么大的事儿,总要商量着来吧?

而随后王诗越写来的感谢信,则彻底坚定了郭明义的决心,也说服了他的家人。那封信的字迹歪歪扭扭,但一笔一画,非常认真,而且上面明显布满了斑斑泪痕。小诗越在信中说:"郭伯伯,有了您的钱,妈妈可以打针了,我也可以放心上学了,您给我们全家带来了希望……郭伯伯,我可以叫您一声'爸爸'吗?"

这个请求,让郭明义差点落泪。他有一个伟大的父亲,因此知道拥有父爱的宝贵。他一路走来获得的成功,很大程度上得益于有知识、有文化,因此更知道失学的可怕。希望工程的意义,不就在于用知识改变这些孩子的命运,同时用真心告诉他们世间有大爱么?

想到这儿,郭明义立刻给小诗越回了信。他也暗自发誓,将来要投身希望工程,不仅在经济上资助这些孩子完成学业,更要在精神上抚慰他们,关心他们的成长,让他们相信世界充满希望。

从王诗越开始,郭明义参与希望工程的力度也就越来越大,再也刹不住闸了。从几个,到十几个、几十个,直到如今的180个。对于一个普通的工人家庭,累计资助了这么多人,承担的经济压力可想而知。

有一次,他刚捐完款,就在希望工程名单上发现了四个新名字。恻隐之心一上来,郭明义一咬牙一跺脚,管同事借了1200

元，等回家以后，难免被老婆一顿数落：再怎么样也要量力而为，不能借钱去做吧？这个口绝对不能开！

郭明义好哄赖哄，老婆就是不松口，最后无奈，他只好宣布两个人从此财务独立，先管妻子借下这 1200 元。为郑重起见，还特地写下了借条："郭明义欠孙秀英同志 1200 元，于 2008 年 7 月 1 日前偿还。还不上，离婚。"

然而，面对妻子的经济封锁，郭明义总是能成功"偷渡"。每次到了最后，借条什么的都成了摆设，不了了之。而这十几年来，郭明义捐得家徒四壁。他捐掉了生活费、各种补贴、所有的奖金、慰问金，把组织上给他的所有奖品和慰问品也都换成钱捐了出去。最近的一次是 2010 年，他把"全国五一劳动奖章"等几项奖金共计 2.5 万元也毫不犹豫地全捐了出去。

这种捐法，让旁人看了瞠目结舌，以至于鞍山希望工程办公室的工作人员都劝他说："郭大哥，您就少捐一点吧，也改善一下家里的生活。"

甚至到了后来，组织上也摸透了他的"经济规律"，干脆下了死规定，才保住了郭明义家仅有的几件家当：一是电视机，那是 2008 年鞍山团市委送给郭明义观看希望工程宣传片的。人家严格规定说，这是公有物资，严禁捐赠；手机，是 2007 年齐大山铁矿奖励的，为的是工作上联系方便，"勒令"郭明义为了保障工作，不能捐掉；最后是电脑，那是 2009 年鞍钢集团领导专程到他家走访后，特地送来的。领导嘱咐他，电脑是用来工作的，严禁捐出。

若不是公家的"严格"规定，这些物品恐怕也早就换了主人。而受他资助的困难学生们，也没有让他失望，不仅靠自己的

努力改变了命运,而且还把郭明义的爱心接力棒传了出去。之前提到的王诗越,大学毕业后找到了满意的工作,学着郭明义的样子经常参加公益活动。好多受过资助的学生也在毕业后,不约而同地从第一份工资中拿出300元钱,求郭明义帮他们找个上学困难的学生;还有更加出息的,一参加工作就找郭明义,要他帮忙联系几个贫困学生进行长期资助……

每到这个时候,郭明义都会特别高兴,对他来说最好的奖赏不是评劳模、当先进,也不是恭维表扬、扬名立万,而是那些受过他帮助的人能理解他,踏踏实实地跟着他一块干,一块去温暖和感动更多的人。回想自己走过的路,能够一直"傻"到今天,很大程度上是在于老天是公平的,社会是公正的,没让好人吃亏。

一个人特别是孩子的成长,跟社会息息相关,在他最需要帮助的时候,社会帮了他,他会懂得回报别人;相反,在这时候社会遗弃了他,他就会变本加厉地报复这个社会。从这个角度来说,希望工程的意义不仅仅是短期的、经济上的,更是长远的、道德上的事业。

正是因为看到并且相信这些,郭明义才在这条道路上走得如此踏实和长远。而随着王诗越开口叫了"爸爸"后,郭明义的干儿义女也越来越多,而且懂事、仁义,这让渐渐上了岁数的他备感欣慰……

儿女盈门

在全身心投入希望工程之前,郭明义只有1个亲生女儿,以及33个"儿子"——采场里的电动轮。可如今借助希望工程,郭明义得到了众多儿女,更让他欣慰的是,这些儿女在他的言传身教下个个出息,而且继承了老郭家仁义的传统。

例如他最得意的干儿子王爽,本来是工友的孩子,家里困难,孩子又正赶上叛逆期,所以不怎么爱念书。郭明义决心帮助他,不仅出钱供他读书,还苦口婆心地劝他用心学习。可以说,要不是郭明义的话,王爽连高中都读不完,就要出去打工了。后来他考上了大连海事大学,改口叫郭明义"爸爸",还在大三的时候,跟着他去义务献血。2010年春天,王爽大学毕业后被一家大型船舶企业录用,参加工作的第一件事并不是花钱给爸爸买营养品、添购家当,而是申请帮郭明义长期资助几个困难学生。

郭明义知道以后特别高兴,破天荒地让妻子炒了几个菜,还喝了一点酒庆祝。一直以来,面对受过他帮助的人们,郭明义都是一个态度:不用回报我什么,我过得很好,想要做点啥的话,就去回报社会。在这一点上,"儿子"王爽像他。郭明义曾经得意地说:"这种感觉,是别人体会不到的。"

再比如武雪莲。那是在2009年,郭明义无意中听到了工友

们的闲聊，一只耳朵听力有问题的他，对于这些事情却从来都很灵敏。原来铁矿检测协力中心有个叫武昌斗的工人患上了肝硬化，长期在家养病，现在病情恶化，需要靠"白蛋白"维持生命。这药不仅贵，而且稀少，郭明义知道后，就跑遍了整个鞍山帮他寻找"白蛋白"。然而可惜的是，郭明义也无力回天。39岁的武昌斗还是医治无效去世了，留下一对孤儿寡母。

料理完武昌斗的后事，郭明义就对他的遗孀表了态："弟妹，兄弟已经不在了，你的收入又太低，以后孩子上学的书本杂费，我全包了。"

从此以后，郭明义的干儿义女中多了一个武雪莲。要知道那个时候，郭明义自己家里的大件家电都没能凑齐，要论家徒四壁，他跟武家相比有过之而无不及……

再有就是杨思雯。她出生不到3个月，父母就离异而且相继离家出走，从此再也没有管过她。小思雯与奶奶曲卫君一起生活，住在租来的房子里，仅靠每个月370多元的低保金生活。

在小思雯1周岁的时候，奶奶实在承受不了巨大的压力，只能狠心把她交给别人抚养。可失去了孙女儿以后，曲卫君三天两宿没能睡着，到了第3天，心里极度痛苦的她又哭着从那户人家里把小思雯要了回来。从此以后，祖孙二人相依为命，再也没分开过。

到了2005年，杨思雯小学5年级了，奶奶年事已高，加上上学的费用实在负担不起，老人家为此动了轻生的念头。好几次都想一死了之，可在行动前，又想到自己走了以后孙女没法生活，才含泪作罢。

就在祖孙俩求生不得、求死不能的关头，郭明义通过希望工程了解到了这些情况,他承担了杨思雯学习的全部费用。

学习的难题虽然解决了,然而郭明义忽略了这对祖孙的生活问题。后来他无意中再次了解到,曲卫君负担不起小思雯学校每天的午饭钱。为了省下3块钱的生活费,她每天中午都要接孙女回家吃午饭,即使到了大冬天,也只能推着自行车,颤巍巍地去接孙女,为此这对祖孙不知道摔了多少跤。

郭明义知道后责怪自己太粗心了,立刻追加了一笔捐款,专门解决祖孙俩的午饭和生活费用,并且一直坚持到了现在。从那以后五年过去了,郭明义对小思雯牵肠挂肚:生活得怎么样,心情好不好,学习有没有进步,个子长了多少。别人家的爸爸给女儿买的新书包、新衣服,郭明义也一样不少地买给小思雯,待她像亲生女儿一样。每逢过年过节,郭明义还要买上大米白面和豆油去看她,他自己舍不得打车,就扛着大包小裹,挤好几趟公交,再自己把东西送到小思雯家门口,每回都累得满头大汗。

原本想初中毕业就辍学打工的小思雯对郭明义说,是郭伯伯给了自己力量,她想要念大学。

郭明义听后还是那句口头禅:没问题。他承诺会帮助小思雯,一直到她大学毕业。

渐渐地,郭明义成了小思雯的另一个精神支柱。小思雯从没有享受过半点父爱,一直想叫郭明义一声爸爸。有一次她实在忍不住了,就小声叫了一次。郭明义听到后没有拒绝,而是紧紧地抱住了她。

小思雯从那以后尝到了父爱的滋味。而郭明义的言传身教,也让她从小就懂得悉心关怀身边的人。邻居有老人买菜拎不动了,她二话不说上去就帮忙;谁家门口堆了垃圾,也是她悄悄地

帮忙拎走。还有一次，祖孙俩在街头捡塑料瓶子打算卖钱贴补家用，这时候碰见一个残疾老人，杨思雯立刻对奶奶说，咱们把瓶子都给他吧，咱也应该帮助那些比咱们更困难的人……

在曲卫君心里，这个资助自己孙女儿的人，不仅在经济上伸出了援手，更在精神上给了孙女儿千金不换的良好美德，是真正的大恩人。但老人家从来没见过郭明义，一直以为他是个有爱心又有钱的老板，或者至少是哪个大学的教授、学者。直到有一次，希望工程办组织了资助人和受助者的见面会，曲卫君坚持要去参加。一开始她见到了十几个孩子都在等着见同一个资助者，而他恰巧是帮助孙女儿的人，于是老人家更加坚定了心里的判断，直到身穿工作服、脸膛黝黑、一脸傻笑的郭明义出现在她面前的时候，曲卫君愣了好久，随后拉着他的手一句话也说不出来了，只顾着呜呜痛哭……

像这样的例子还有很多。如今，管郭明义叫"爸爸"的儿女已经一百多人。对待这些孩子，郭明义绝不仅仅是汇钱、送东西，而是真真正正地关心和鼓励他们，教导他们应该做什么，如何去做，为他们撑起一片精神天空。

为此很多时候，他甚至忽略了亲生女儿。2006年6月，郭明义女儿郭瑞雪参加高考，那天一大早，郭明义还是正常上班，并没请假。有同事就说："老郭你心真大啊，孩子高考了还来上什么班，快去陪孩子进考场。"

郭明义一笑："有她妈呢，何况陪在外边儿也不能帮她答题。"

那天中午干完活儿，郭明义还没来得及问女儿发挥如何，就急着赶去鞍山交通广播台，参加一个为希望工程捐款的直播节目。这是他一早就答应好的，何况是为了希望工程，他不想违背承诺。

后来，台长得知了郭明义是为了别人的孩子而放弃陪自己孩子高考的时候，也同样二话没说，当即在直播中亲口祝福郭瑞雪考出好成绩，能够圆梦大学，给了郭明义一个惊喜……

孩子是国家的未来。即便一代人再怎么出色，他们所能做的也仅仅是承担相应的历史使命，担负起国家民族的今天。郭明义从父亲那里接受了仁义的种子，而他如今有了100多个儿女。爱，唯有通过这样的形式，才能更广泛地传播，才能由当下的人们亲手温暖未来……

一腔热血

在郭明义感动中国的先进事迹中,另一项令所有人都叹服的就是义务献血了。用他自己的话说:"爱是可以再生的。"

郭明义是全国无偿献血最多的公民之一。20年来,他累计贡献了6万多毫升新鲜血液,这些鲜红的血,就像他鲜红的心一样,为需要帮助的人注入了阵阵温暖。

6万毫升是个什么概念?简单地说,一个成年男子的正常体重是75公斤,全身血液总量约6200毫升,那么6万毫升血液,足足有一个人全身血量的10倍。

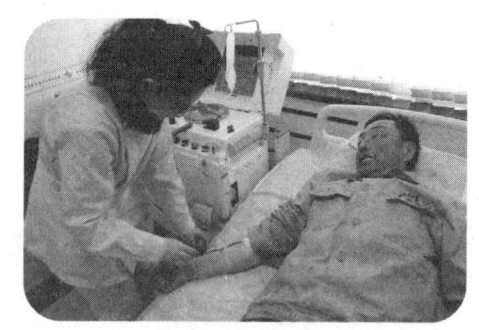

郭明义捐献血小板

如果用普通的矿泉水桶来衡量,能装满满6大桶。而根据常识判断,一个人是不能一次把全身血液都抽光的,事实上挽救一个危重病人,需要800毫升血液,那么郭明义的献血量可以救整整75个人。

在郭明义家里,放着整整56本献血证,那就是他的勋章。值得注意的是,献血一次给一本证还只是近些年的事情,那么郭明义到底献了多少次血，其实早已经无法统计了。总之，只要气候变化剧烈、发生灾难或者其他用血紧张的时候，郭明义这个体重不足70公斤的铁血汉子，就会准时出现在血站，他坚持了整整20年不曾间断。

自然，有记者曾经穷追不舍地问郭明义到底献血多少次，总献血量有多少。郭明义总是笑而不答，用他的话说，他不愿意活在过去。所以上述的数据，也只是周围人所知道的，至于背地里还有多少低调的贡献，那就谁也说不准了。

有人也说，郭明义献了这么多血，肯定是全国第一了，没准能冲击世界纪录呢。但郭明义最反感的就是在这方面宣传他"第一"，因为他从来没有做第一的欲望，只是享受奉献的过程。而更令他反感的是被称为"献血狂人"——他倒不是因为被别人误解为"狂人"而生气，而是担心这样宣传会误导大众，他自己完全明白献血应该有节制、有规律、讲科学，在可控制的范围内。如果因为错误宣扬导致错误效仿，把好事办成了坏事，将是他最不愿意看到的。

而无论在什么场合，无论是哪次公开演讲，郭明义都会强调科学献血。他说，根据规定，无偿献血的最高年限是55岁，那么自己仅仅还能献3年了，他会非常珍惜这3年的宝贵时光。他是这么说的，也是这么做的。仅2008到2009年，郭明义就无偿献血3万毫升（其中包括了献血小板计算的量），因此才有了之前6万毫升只是初步估计的论断。

但大家都不怎么知道的是，其实一开始，郭明义有晕血症。1990年5月，他响应矿里号召第一次去血站献血的时候，心里就直突突，浑身也冒虚汗，结果血没抽出来，出来的全是泡泡。

护士一见就说:"师傅,你有晕血症,以后不能来了。"

也有同事拿他开玩笑说,三十好几的人了,抽点血吓成这样,真没出息。

郭明义一听就不服了。他仔细回想了一下,有一次在部队,一个战友受伤需要输血,大家争先恐后地伸出胳膊,那个时候他也抽了,也没觉得晕啊。想来想去他明白了,那时候是着急,而且忘我了,由此可见晕血症是一种心理疾病,只要能克服,就不会有问题。

因此,半个小时以后,郭明义不顾护士劝阻,再次撸起袖子,对护士说自己没问题。而这次,他也找到了心理学窍门:不想自己,满脑子想的都是从报纸和电视上看到的等待输血的危重患者,以及他们亲属焦急期待的目光……

还真灵,200毫升血顺利地抽出去了。而汩汩流出的鲜血,也带走了他的郁闷。事实证明,只要少想自己,那么任何心魔都是能征服的。一想到这,郭明义就觉得特别有底气。

有了第一次以后,郭明义就坚持每年义务献血。而且在量上,逐步从每年一次,增加到每年规定的最高额度。

除了献全血以外,郭明义还义务贡献血小板。献过的人都知道,无偿献血分为两种,第一种是献全血,也就是通常所说的"献血";另一种是贡献血小板,每次可抽取800毫升到1600毫升血液,提取一个到两个单位的血小板之后,再把血输送回体内,每次都按无偿献血等量计算。

贡献血小板,比普通献血对身体造成的负荷要大一些。简单地说,就是从一只胳膊抽出血,经过仪器分离出血小板,再输送回另一只胳膊,跟血液透析差不多。一般人每完成一次捐献血小板，手臂都要疼上好几天。

而郭明义却从不畏惧，相反每次献血小板的时候，他的脸上都洋溢着幸福。后来他发现，国家规定公民每年捐献血小板次数上限是11次，每次最多1600毫升，所以他干脆就把献全血改成了献血小板，因为这样可以抓紧时间，贡献更多……

这种贡献，是真真切切用于救命的。为此，郭明义经常急人之所急，干出一些"冒失"事。

2009年春节前的一天，郭明义忙了一上午，还没来得及吃早饭和午饭，就接到了鞍山中心血站的电话，问郭明义能否提前捐献血小板。郭明义知道，血小板的保质期特别短，所以一般都是每个月按照预约时间定期采集。血站突然打这个电话，一定是人命关天的大事。

事情果然如他所料。那天是因为有一名产妇患了严重的溶血症（母子因血型不符造成相互排斥），如果不及时输送血小板，肯定会一尸两命了。现场缺少的是O型血小板，而郭明义正好是O型血，血站的人不约而同地想到了他。

人命关天，郭明义平生第一次打车，而且临近春节、天寒地冻，司机要了高价，他也不管不顾了。来到医院，他又向医生隐瞒了自己一早上水米未进、不能献血的事实，一屁股坐上了采血机……

后来，患者的丈夫哭着打电话来，告诉郭明义母子平安，感谢他救命之恩的时候，郭明义的心才放了下来。随后，患者丈夫又提出当面感谢恩人，这次却被郭明义拒绝了。用郭明义自己的话说："我不见。我一直是在奉献，很多患者我都没见过。我这么做，是想让患者坚信一个信念，这个社会还有比较好的人在做

这件事情，还有这么一个人，或者说一群人在做，这个社会有更美的一面，这样更好。"

事实上，郭明义对很多受过他帮助的人的态度都是一致的：能不见面就不见面。后来，中央电视台记者采访他时也曾问过他，为什么不想见面呢？见了以后您起码能知道您帮的是什么样的人，您自己心里不也获得一种安慰么？

郭明义笑着摇摇头，在他心里早已不图这种安慰了。让别人相信社会有更美好的一面，让生命变得更有价值，才是他这么多年孜孜以求的信仰。

在一次次感受到献血的好处之后，郭明义似乎也上了瘾。当然，他从来不是个凡事仅仅图自己高兴的人，聪明的他，打起了周围人的主意。怎么才能让这件举手之劳就能造福人群的好事更快普及开呢？他想到了发起公益倡议。

生命不言放弃，贡献同样不言放弃，郭明义每次做出决定想要走的道路，必定高尚而长远……

百川汇流

郭明义知道,即便自己洒尽热血,那也只不过是一条小溪,如何宣传和号召大家共同奉献爱心,才能最终汇聚成海。

当时,或者出于传统迷信,或者出于自身利益,人们对于献血还存在一些误解,比如影响健康、传染疾病、加快衰老等。到如今,更是有很多负面传言,动摇着人们的信心。所以怎样宣传无偿献血的知识,打消大家的疑虑,在此基础上能够主动关注,进而加入到献血队伍中呢?郭明义对此确实煞费苦心。后来,他想到了制作倡议书到处分发,借此宣传。

由于从小刻苦学习,阅读量丰富,郭明义的文笔并不差,为抒发献血后的自豪感,他还曾经写过一篇叫《感受生命》的文章:

感受生命

感受阳光,感受温暖,感受自然,感受生命。

我一次次地问自己,生命究竟对我意味着什么?是我面对失败后的哭泣,还是成功后喜悦的泪水,还是不经意的瞬间流逝?

有人,终生辛劳,没有鲜花、掌声。在人们不知晓的某

一时刻,轻轻地、静静地、悄悄地离开了他们所爱恋的土地,这是平凡的人生。

也有人劳其一生,洒下了饱蘸生命的汗水,用百倍、千倍、万倍的努力,用生命中最鲜红的血液,用心,品尝生命的果实,书写着辉煌的一生,在人们前进的道路上矗立起座座丰碑。

热爱生命吧!

热爱人生吧!

……

可若说到写倡议书,郭明义知道,那跟直抒胸臆的散文完全是两个套路。首先要通俗易懂,没有歧义;接着要入情入理,朴实真诚;最后还要富有感染力,能够唤起大家的激情,从而转变成行动。

为此他动了很多脑筋,尝试着写了一份倡议书,打算花钱到复印社打出来,先发一发,试试效果。没想到,这份倡议书最先感动了打字员,他一边打一边感叹说得有理,后来老板看了,也深受感动。两个人最先响应倡议,跟着郭明义一起去献血了。

看到倡议书有效果,郭明义心里有了底。他开始到处分发,到处宣传,从那以后,矿山附近的菜市场、车站经常见到郭明义的身影,他一手拿着倡议书,一手拍着自己的胸脯,现身说法打消大家的疑虑:"看看我,身体多棒!"

很多人用一种奇怪的眼神看他,其中大部分看了一眼倡议书,就随后扔在了大街上,或者丢到了垃圾桶里。郭明义并没有气馁,他明白要打消献血疑虑、唤起勇气不是一朝一夕的事情,所以他既不争也不辩，而是默默地捡起那些被扔掉的倡议书，挑其中没有破损、弄脏的，继续发给行人。

对于身边的工友，郭明义的宣传则变得简单直接。他们相信他，所以用不着什么倡议。郭明义经常拿着自己各项指标全都正常的体检报告给大家看，反复重申，科学献血不仅对身体没有坏处，还能促进新陈代谢，降低高血脂、高血压，有益身心健康。

与此同时，郭明义也没忘记用一些小利进行"引诱"。在那段宣传的日子里，鞍山中心血站的工作人员都觉得他有些不正常：以往郭明义献血从来不要血站赠送的纪念品，近来却十分在乎，甚至把自己攒齐的"大件"礼品也换成许多小件，锱铢必较，"抠门"得很。

他们后来才知道，郭明义是把这些礼品和倡议书一起发放出去了，这样既帮助了别人，又提高了宣传力度……

而对于那些曾受过自己帮助的人们，郭明义的宣传就更简单了：去无偿献血吧！

最先行动起来的，是那些受过郭明义帮助的工友和被他资助的困难学生家长。他们知道恩人不图回报，如今发了一句话，再难都要去做，何况是让大家义务献血、一起高尚呢。

接着，是齐大山铁矿附近那些经常和郭明义打交道的机关职员、商店店员和社区居民们。他们都知道爱做好事的郭明义第一次公开站出来号召大家一起做件事情，成与不成，都得跟去出把力……

正是这种持之以恒的力量最让人信赖，它往往胜过千言万语，让大家打心底里放心去跟随。

2007年一年，郭明义累计发起无偿献血11次，共计600多

人参与，献血量达到了 15 万毫升。

2008 年，郭明义巩固战果，成立了鞍山市第一支无偿献血志愿者应急服务大队，并被推选为队长。这一年，义务献血大队为奥运会备血，获得了鞍山市首批"奥运生命"奖章。这一年，郭明义也获得了卫生部颁发的"全国无偿献血奉献奖金奖"。

2009 年 9 月，郭明义当选为鞍山市无偿献血形象代言人。

2010 年 2 月，鞍山市用血再次告急，郭明义发出了献血倡议。短短 3 天，他召集了 600 余人。那天天降大雪，寒风凛冽，中心血站的屋子里容纳不了那么多人，可大家宁可受冻，也没有一个主动离开。短短一天，不仅保证了鞍山市整个春节的用血量，还顺便为临近城市准备了血源……

这样的信赖，完全是出于对郭明义大仁大义的敬仰和信赖。也许一开始，这种高度不能为人们所理解和接受，造成一种"傻子"的论断，但正如前文所说的，人们最终发现那不是装相和整景，而是几十年如一日的忘我奉献。人世间最难获得的是信任，潜力最大的也正是信任。有了它，任何人都会拥有登高一呼的力量。

从那以后，百川汇流，爱心成海！

万用细胞

仁义为本的郭明义,一向秉承着"问己不问天"的原则,凡事只问自己还能做什么,却不问最后是否能够如愿,但这并不意味着他没有尽力后的遗憾。

2002年,郭明义献血的时候,正好赶上鞍山红十字会向社会征集造血干细胞志愿者。他马上报名参加,采集了血液样本,加入中华骨髓库,成为鞍山市第一批捐献造血干细胞志愿者。

通俗地讲,造血干细胞是还没有发育成熟的细胞,根据身体需要,它不仅可以发育成红细胞、白细胞和血小板,还能转变为各种器官的细胞。因为它强大的功能,医学上称其为"万用细胞"。一旦一个人体内生成"万用细胞"的能力丧失了,那么生命也就将随之终结,而患上这类疾病的大多都是未成年的孩子。

这些知识,郭明义在献血的时候就经常听说,加上妻子孙秀英在医院工作,也耳濡目染不少。他知道造血干细胞配型成功率仅仅是十万分之一,一旦配型成功,那么一定能挽救一条生命。所以在征集万用细胞的时候,郭明义凭着本能报名了,但正因为这件事情,让他在后来体会到了切肤之痛。

2006年11月底,郭明义得知工友张国斌年仅13岁的女儿患上了白血病,要想救命,需要移植造血干细胞,手术费用高达

30万元。张国斌听到消息后,整个人都傻了,完全陷入了绝望和迷茫中。郭明义到他家去探望,见到这种情况,立刻热心肠地替张国斌当起了家,里里外外张罗起干细胞移植的事情。

十万分之一的机会,30万的高额费用,在普通工人家庭看来几乎是要了他们的命。但在郭明义看来,世上再难的事情,只要有心,就会变得简单。要抓住十万分之一的机会,只需要做十万倍的努力。事在人为。

就在张国斌还没有缓过神的头几天,郭明义已经笑呵呵地拿着一个大信封来了,里面装着3万块钱,都是矿上工友捐的。这让本已绝望的张家人找到了信心,打起了精神。

然而,福无双至,祸不单行。没过几天,工友刘孝强15岁的儿子也患上了同样的疾病。眼看着两个家庭就要因此被摧毁,郭明义忧心如焚,第一次感到了

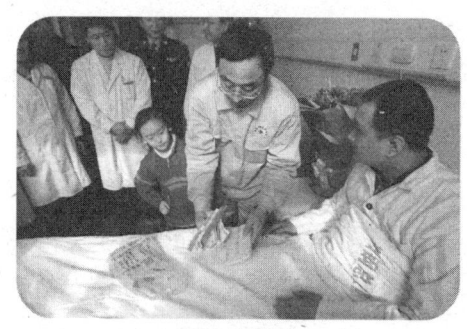

为工友捐款

力不从心。相对来说,钱的事情已经是小事,关键在于国内捐献造血干细胞的人数太少了,远远达不到能够挽救生命的基数。

恐怕远水解不了近渴了。但郭明义没有放弃,与其坐以待毙,不如主动出击。

为此,他就像当初动员大家无偿献血一样,写好了一份情真意切的倡议书。同样的,帮他将倡议书打出来的同事第一个被感动了,也成了郭明义征集万用细胞的第一个支持者。

那段日子,郭明义简直像着了魔一样。因为他知道这跟献血

不同，十万分之一的概率，不抓紧时间，就真的来不及了。

救人如救火，他也顾不得那么多规矩了。看到人家车间开会，他直接就往里面闯，非要读倡议书，把人家主任气得暴跳如雷。但等到郭明义流着泪读完倡议书后，车间大会就"顺理成章"地成了捐献干细胞的动员会。齐大山铁矿 70 多个机关科室和班组，他一个个地去跑，一个个去讲，甚至到了动情处，还现场唱歌烘托气氛。

很多工友被他感动得红了眼圈。他们心里清楚，张国斌和刘孝强与郭明义非亲非故，他能这样下力气奔走，实在难得。所以大家都表态说：老郭，郭师傅，郭大哥，我们跟着你走，去捐干细胞。你省点时间，去别的地方动员吧。

而对于那些不想捐献的工友，郭明义干脆尾随着他们去澡堂，帮他们搓澡。一边搓一边讲造血干细胞的知识，还一边做动员：十万分之一的机会，万一你就是那十万分之一呢？弄得人家不想捐献的臊得连头都不敢抬起来，最后只好表态说，郭师傅，你别搓了，我去当这个志愿者。

就这样，郭明义有时候在澡堂搓澡，一次能说服 20 多个。张国斌和刘孝强听说了这件事都感慨，就是我们自己，也不能放下这个面子给人家搓澡啊……

精诚所至，金石为开。郭明义从矿山一直奔走到附近的社区，人们被他动员起来了。

2006 年 11 月 30 日，郭明义组织了第 1 次集体造血干细胞捐赠，有 140 位志愿者完成了样本采集。27 天后他组织了第 2 批集体采集，又有 400 多名身边的工友和社会爱心人士响应倡议。而在随后的 7 次捐献活动中，又共有 1300 多人成为志愿者……

　　3年过去了,张国斌的女儿终于和一名志愿者配型成功。现在,每次提起郭明义,张国斌都会热泪盈眶,因为郭明义带给他的不仅是物质帮助,更是绝望中的精神支柱。一想到这些,张国斌也惭愧:他曾经还是无数嘲笑郭明义是傻子的其中一个,可事情出在自己头上的时候,却是这个傻子给了他女儿活下去的希望。

　　为此,张国斌像变了一个人:去义务献血,加入了鞍山市义工团队,到街道打扫卫生,去公园捡垃圾……

　　张国斌说,原来雷锋离我们不远。伸伸手,弯弯腰,人人都可以做雷锋。

　　相比之下,刘孝强的儿子就没那么幸运了,他一直没有找到成功配型,病情也迅速恶化。但孩子一直以来却十分坚强,始终怀着希望和梦想。在临终进入高烧昏迷前,孩子还在安慰自己爸爸:不用为我担心,郭伯伯一定能为我找到配型成功的人……

　　郭明义是这样鼓励孩子的,也是这样鞭策自己的。他总认为靠着自己不懈的努力,一定能救下这孩子,无奈现实是这样无情。

　　孩子走的那天,郭明义没敢去医院。后来他在刘孝强面前痛哭失声:"兄弟,对不起,如果我能发动更多的人,也许孩子就有救了。"

　　那个十六七岁孩子的音容笑貌,至今还刻在郭明义的脑海里。然而并没有一个人责怪他,刘孝强后来也在工友们面前哽咽失声,他说:"儿子虽然不在了,但我要好好活着,替他多为社会、多为别人做些贡献,来回报郭师傅和那么多为他献爱心的人。儿子一定会和我在梦中相见的……"

　　孩子走了,但郭明义的善行并没有停止。相反他还立下志愿:矢志不渝地做下去,直到在骨髓库中,所有的配型都能伸手可得！

目前，鞍山市共有5000多名干细胞捐赠者，其中超过三分之一是在郭明义动员和影响下加入的。

2006年以来，郭明义8次发起捐献造血干细胞的倡议，又动员了1700多名工友响应。

2009年以来，郭明义发起成立的遗体（器官）捐献志愿者俱乐部，已有200多名矿业职工和社会人士参与，是目前国内参与人数最多的遗体（器官）捐献志愿者俱乐部。

从此，郭明义又在这条道路上渐行渐远。他深深体会到了集体的力量，也明白了凡事都要做在前头，好事更要做在前头，不能再让措手不及的悲剧重复上演。为此，他在心里酝酿了一个全新的想法……

星火燎原

仅靠一个人的努力，就算是块铁，能打几根钉？郭明义知道，要想帮助更多人，唯有号召更多人一起加入进来，他要站出来牵这个头。

于是，2008年3月4日，在鞍山团市委"希望工程"办公室的支持下，郭明义以自己身边工友为骨干，发起成立了以参加"希望工程"捐资助学为目的的民间组织——郭明义爱心团队。之所以选在3月4日，是为了要赶在雷锋纪念日前面，善心不能等待。

然而，和日后动辄万人规模的爱心团队不同，成立之初的这支队伍，仅仅有7个人。这其中的原因，一方面是由于这样的形式在全国都是破天荒头一遭，很多人对以私人名义成立的民间组织认识不足，戒心很重，担心加入其中有什么"忌讳"；另一方面也容易造成大家努力给郭明义一个人出名的误会；而最重要的是，即便大家在危难之时都期盼着有一个好人、"傻子"挺身而出，但真要自己去做这个"傻子"，搞得家徒四壁、兜儿比脸干净，却未见得有这样的勇气。

出于各种复杂的心态，人们有的观望，有的不理解，更有人因此质疑和指责郭明义异想天开。

但郭明义从来不是个遇到困难就放弃的人，正相反，他的倔脾气上来，天大的事情都想要给掰过来。为了扩大爱心团队的影响，他下足了功夫，一个一个去动员，一个一个去谈心，一个一个去感化。不过就连他自己都承认，时代变了。如果是30年前全民学雷锋的时代，一呼百应做件好事，是再平常不过的。可现在这个时代，人们的价值取向越来越自我，让大家从自己兜里掏钱去做和自己完全不相干的事情，已经越来越让人觉得怪异。这并不是人们没有了仁爱之心，而是缺少了那种忘我的激情和共同奉献的大环境。

郭明义立下的志向，就是重新营造出这样的环境，帮大家找回激情。这已经是另一个层面的大爱。

自然，这种爱在问世之初，同样得不到大家的理解。最初的一段日子，郭明义经常遇到指责：谁的钱都不是大风刮来的，都是血汗钱，你自己愿意是你自己的事情，凭什么让我加入爱心团队去捐钱，到最后还让你出名啊？

这是反应比较激烈的。更多的人不忍心打击郭明义，但也不想帮忙，于是就采取迂回战术，老调重提——傻。

比如有人就去找叶景兰说："你们家老大从来不给你钱吧，他的钱都捐出去了，哪儿有钱给你呀？"言外之意指责郭明义不孝顺。

叶景兰没有反驳，而是顺着来人的话茬说："我们家老大傻。"

还有人找到他的弟弟妹妹，说："你们大哥对你们不好吧，从来也不给你们孩子钱。"

弟弟妹妹也没办法，只好说："我哥傻。"

甚至有人指着郭明义的鼻子骂他傻。再坚强的人也有受不了的时候，郭明义有一次回到家，扑在妻子怀里问她：你说我是不是真的傻了？

妻子回答说："你真傻我就不嫁给你了。"

亲人们的坚定和宽容，率先为郭明义的义举提供了温暖的土壤。

随后，那些被他救过命、由此感激他深恩厚义的人也站出来了。其中一个开小饭店的下岗工人，她的店曾经遭遇过大火，要不是郭明义带着人奋力扑救，事后还发动捐款，恐怕早就断了活路。为此，人家站出来说："我不懂那些道理，但只要郭大哥发话了，我就去做。"人们渐渐加入了爱心团队，为郭明义的理想插上了腾飞的翅膀。

接着，鞍钢和矿山的领导也行动起来了。老百姓不明白，但这些共和国钢铁事业的元勋却没有糊涂。从新中国成立开始，要不是一批批像郭明义这样的"傻子"，哪有鞍钢的今天？几十年来的忘我付出，组织上欠老郭太多，老郭从来没提过半句奖赏，如今需要组织出面了，不能一声不吭。为此，从鞍钢集团的决策层到矿业公司的总经理和党委书记，再到齐大山铁矿的领导班子，乃至矿山70多个部门的负责人，全都主动加入了郭明义爱心团队，为他挡风遮雨、平息谣言。群众看到所有领导都加入了，不解和困惑自然也就渐渐平息。这为郭明义的理想

鞍钢集团矿业公司郭明义爱心团队

吹起了扶摇直上的东风。

就这样，爱的大幕在鞍钢徐徐拉开，最终让这股风潮席卷全国。

鞍钢矿业公司经理邵安林自己加入了爱心团队，还把远在上海的女儿也拉了进来。他给女儿发了这样一条短信：我们离崇高并不远，只要你相信它存在。从一点一滴做起，不懈的追求，就会一点点接近崇高。

高微，是郭明义对面办公室的文书，经常收到希望工程办公室的传真，慢慢被郭明义感动了。终于有一天她找到郭叔叔，让他为自己联系一个失学的孩子，并从此加入了爱心团队。她说，其实每个人心里都有善，只不过羞于迈出第一步，郭叔叔正是那个帮我迈出第一步的人。

刚刚大学毕业来到矿上的周建，成长在一个困难家庭，他也加入了爱心团队，出发点就是感同身受，穷人家的孩子读完书不容易，如今有郭明义牵头，他愿意跟着他走……

像这样的例子还有很多，而最出名的是郭明义的发小和老同学李树伟。他从前满身匪气，动不动就玩刀子，后来因为做生意失败，天天窝在家里喝酒赌博，还招惹上了一群刑满释放人员，是郭明义天天到他家苦口婆心地劝，李树伟也想要换个活法，于是抱着试试看的心态加入了爱心团队，没想到这么一干就收不了手了。曾经有一次，李树伟跟老朋友打牌时起了争执，人家纷纷亮出了刑满释放证吓唬他，他手一哆嗦，掉出一张义工证，却由此平息了争端。后来，李树伟天天跟着郭明义"修正果"，深有感触，终于感慨道："老郭改变了我的后半生，跟着他，我越活越明白了。我现在才知道为啥他那么苦，身体还那么好，是因为

他活得干净……"

在爱心团队成立当天,鞍山团市委举办了一个名为"弘扬雷锋精神,真情铸造希望工程——郭明义爱心团队亲情见面会"的活动。许多受助的学生家长看到黑黑瘦瘦、穿着一身洗得发白工作服出现在他们面前的郭明义的时候,全都哭了,不想要捐款了。但郭明义很坚决,他当场代表爱心团队再次捐出7500元,一次性资助了25名困难学生。

就这样,郭明义的爱心团队从7个人发展到几十人,并在短短三年内爆炸式地增长着。

2009年7月,鞍钢集团矿业公司召开了向郭明义同志学习的动员会。年底,爱心团队的成员增加到了700人;截至2010年7月底,已经有2800多人加入了爱心团队。

鞍山希望工程办公室的工作人员为此感慨道:"就靠一个人的带动,就有这么多人响应希望工程,这在全国都是罕见的。"

如今,爱心团队人数已经过万,改名成为名副其实的"爱心大队",并且向全国蔓延。星火燎原,大爱无疆。

然而,希望工程并不是郭明义唯一的目的,人人行动起来,大庇天下寒士才是他的追求。所幸苍天有眼,好人好报,靠着爱心团队的力量,他终于亲手弥补了曾经的遗憾……

众志成城

或许冥冥之中真有天意,上天不忍一生躬行仁义的郭明义留下遗憾,更不会让这个好人没有用武之地,于是宿命的轮回发生了。同样的白血病,不同的孩子,这次需要由郭明义亲手营造一个不同的结局。

事情要从 2010 年 7 月说起。那个月的 6 日,郭明义到与他渊源很深的辽宁科技大学去做优秀事迹报告。演讲前,麦克风出了故障,这时候台下同学们看到一个身穿工作服的人走上主席台,三下五除二就修好了。当时大家都以为这人是个电工,直到演讲正式开始前介绍主讲人的时候,才知道他就是全国道德模范郭明义。因此,报告还没开始,台下已经掌声一片,而郭明义也因为他的实在,让同学们敞开了心扉。

报告结束后,就有很多同学来告诉他,土木工程学院一名叫殷懿的同学患上了急性再生障碍性贫血,问郭明义能不能帮忙。

郭明义还是那句话,没问题。第二天,他就到鞍山市中心医院,见到了殷懿。殷懿的父亲殷昌满下岗多年,靠打短工维持家庭生活。母亲是老师,可因为儿子的病,也不得不请长假陪床照顾。儿子看病,家里已经借了 10 万元外债,要进一步治疗的话,每个月还需要两万多元。而这个时候的殷懿,已经被病魔折磨得

不成样子，脸和床单一样白，动一动都会觉得浑身疼。更加危险的是，正常人的血小板最低 10 万，而殷懿现在只剩下 4000，只要磕破一点皮，就会因为流血不止而丧命……

郭明义对这个病再熟悉不过了。刘孝强的儿子临终前最后一句话依然回响在郭明义耳边，像梦魇一般挥之不去。郭明义觉得，既然命运安排他遇到了殷懿，就说什么也要把他从死神手里抢过来，弥补对刘孝强和他儿子那深深的遗憾。

而此时的他自信满满，因为他身后，已经有数千人规模的爱心团队。

郭明义为此发起了鞍山市第九次捐献造血干细胞活动，新征集到了 305 个志愿者的样本。与此同时，郭明义又把爱心团队的临时捐款 1.1 万元交到了殷昌满手上，缓解他们的燃眉之急。这时，殷懿的病情在鞍山已经没法控制，不得不转去天津治疗。

从此后，一笔又一笔捐款源源不断，一个又一个干细胞样本也接连汇集到了中华骨髓库中。那时候是殷懿病情最凶险的关头，每天都要靠输血维持生命，一针扎下去就是一千多元。如果没有郭明义爱心团队陆陆续续捐来的 20 多万元，殷昌满和儿子早就阴阳两隔了。

后来殷昌满在接受记者采访的时候，曾哭着说道：

> 我见到很多从别的省来天津治病的孩子，就因为付不起治疗费用，含着泪离开了病床。我太知道离开病床意味着什么了，但我们殷懿却挺过来了……生在鞍山我感到自豪，遇到郭明义我觉得幸福，我们全家一定要用一生来回报社会。

这年 10 月，郭明义再次到天津去看望殷懿，他的病情虽然稳定下来了，但身体还是很虚弱。尽管这样，殷懿仍然紧紧抓着郭明义的手不松开，用微弱的声音对他说："谢谢郭伯伯，我会好的。"

隔着口罩，郭明义看不到殷懿的表情，但他知道这个举动意味着什么。所以他更不能有片刻松懈。随后，郭明义有事去了北京，而在路上，他也一直用手机"遥控"鞍山的团队，指挥大家继续寻找配型。

幸运的是，随着科技进步，医生告诉郭明义，除了骨髓移植，还有一种"ATG 免疫抑制剂治疗法"，只是费用不菲。病不等人，寻找配型的同时，建议还是使用后一种方法。郭明义又是一句：没问题。

随后的半年时间里，殷懿开始接受治疗。事实证明这种疗法是有用的，很快他的血小板就恢复到了 5 万。2010 年的最后一天，医院在进行了最后一次输血后，同意殷懿回家，从封闭治疗改为半封闭治疗。

绝境逢生，加上能够回家，殷懿别提多高兴了。而 2011 年元旦过后没几天，郭明义就到了殷懿家。来的时候，他自己扛着一袋大米上了楼。处在半隔离状态下的殷懿看到了郭明义，伸出两根手指，打出了"V"的手势。

当时殷懿的病情已经基本稳定，从急性再生障碍性贫血转成了慢性，这意味着虽然身体还是不好，但没有了性命之忧，坚持治疗几年就能痊愈了。

所以殷昌满一见郭明义，眼圈就红了。他说："郭师傅，你的日子过得这么苦，我们家的事儿你不用管了。在家治疗，每个

月就用四五千块钱,我爱人有工资,我打点工,养家糊口不成问题,不能把你那点钱都给我。"

郭明义没有答应,他执意追问殷昌满还有多少外债。殷昌满没办法,只好照实说,不多了,只剩8万了。郭明义听后很干脆地说,你的外债我们还。

随后没多久,郭明义在1月24日再度来探病的时候,就兑现了诺言:爱心团队从中国通用技术集团的捐款中取出6万元,浦东干部学院捐款中取出1万元,鞍山市水务局干部们的捐款中取出1万,凑足了8万,他带上爱心团队的成员,把钱交到了殷昌满手上。

不到一个月,凑到这么多钱,是郭明义的人格魅力感动了社会,更是爱心团队在背后发挥了强大的支撑作用。

除了钱以外,郭明义还送给殷懿一份礼物——一幅写着"凌云志"的书法。殷懿隔着玻璃窗,戴着口罩,专注地看着那幅字,热泪汩汩而下……

后来,父亲殷昌满代表儿子殷懿,给鞍钢矿业公司送来了一面锦旗。公司负责接待的领导也是郭明义爱心团队的成员,他一个劲儿地说:"这钱花在哪儿不好。你看好孩子,别让他感冒,将来康复了,去回报社会,这比多少面锦旗都好。"

殷昌满自己也回忆说:儿子一场病,前后花了38万。他做梦都没想到能把儿子从死亡线上拉回来,到了最后,他竟然成了没有外债的人。这要感谢郭明义,感谢鞍钢公司,感谢全社会。他下半辈子就只做一件事了,那就是怀着一颗感恩的心,把郭明义的精神传承下去……

事有凑巧。在2010年7月,郭明义身边的工友严回春不满周岁的女儿严函也同样得了白血病。也是郭明义爱心团队的成员们众志成城,在短短一周内筹集了18.7万元捐款,让小严函的生命得以延续。

但随后的9月,小严函的病情加重,继续治疗,仍需要20多万元的费用,关键时刻,又是爱心团队从全国各地及时募捐,堵上了这个口子。经过郭明义的辛苦奔波,严函的干细胞配型成功找到了。

郭明义知道后长舒了一口气,他终于靠着背后数以万计好心人的鼎力支持斗赢了死神,弥补了遗憾。

如今,小严函也痊愈了。谈到对郭明义的感激,严函的母亲每次都泣不成声。她说即使死了也报答不完这种恩情,她和孩子爸爸愿意一辈子跟定郭明义,追随他去搞奉献,要一追到底,哪怕豁出性命……

众志成城,薪火相传,终于汇聚成了一股震动天地的力量。2011年3月5日,郭明义爱心团队的第一个全国奉献日在鞍山举行。全国50多支爱心大队、分队,16 000多名成员汇聚在中国钢城,铸就了一座钢筋铁骨的爱心阵线。截至当日,郭明义爱心团队16 000多名成员累计捐款140多万元,直接资助特困学生2000多名,无偿献血30多万毫升,捐献造血干细胞样本3000多例,参加捐献遗体器官的志愿者300多名。此外,还感动了超过6万人,以各种方式参与爱心活动。

而与此同时,在祖国各地十几个省市,也有十几万以郭明义名字命名的爱心团队成员,正把大爱撒向全国。

众志成城,大爱无疆……

携爱同行

2010年8月1日，中共中央总书记、国家主席胡锦涛专门为郭明义作出了一项重要批示：

> 郭明义同志是助人为乐的道德模范，是新时期学习实践雷锋精神的优秀代表，要大力宣传和弘扬郭明义同志的先进事迹和崇高品德，为构建社会主义和谐社会提供强大的精神力量。

从此以后，郭明义的先进事迹在全国范围内广泛传播，郭明义的奉献行动，也得到了广泛响应。那年10月开始，郭明义跟随着以他名字命名的先进事迹报告团走遍了大半个中国，将仁义的火种传到了很多他从未去过的地方。

老实说，一开始的时候，郭明义对此也曾犹豫过。一来他一辈子都学雷锋，而雷锋做好事是从来不留名的，如今让他走遍全国自己讲自己，总觉得有些别扭；二来他这个人老实又怕羞，被别人当面夸奖狠了都会脸红，更别说自己夸自己了。

不过经过反复考虑，郭明义还是决定启程。那时候他的爱心团队已经有了一定规模，也有更多遭遇困难的人们向他求助。这不再是一个人或者几个人倾其所有能够完成的事业。为了集中力量办大事,整个团队需要一个强大的凝聚力,这时候他必须站出来,就像当初征集干细胞时,大街小巷做宣传一样。

另外,有一件往事也触动了他。2006年,鞍钢矿业公司的机关报《矿山报》曾经评选过当年的"感动矿山十大人物"。郭明义居然榜上无名。消息传回齐大山,工友们都炸了锅,大伙都特别不服气。张毓春还为此专门去找党委书记吵了一个多小时,替他的偶像鸣不平。不过经人家一解释,大家就没话了:十大人物是票选的,鞍钢矿业公司下属20多个矿山和矿业部门,遍布鞍山、辽阳、抚顺、大连等几座城市,这么算起来,一座矿山根本摊不上一个。郭明义最多也只是在齐大山出名,换了别的地方,人家不知道他啊。

而郭明义在看到了感动矿山人物的事迹以后,心肠软的他竟然又被感动得哭了起来。由此他明白了一个道理,世上好人多,大好人也不少,关键在于大家不交流、不联合,没有形成效应,先进的事迹就没能发扬光大,自然也就没法带动更多人点燃奉献激情。

正因为如此,郭明义决定启程,携爱远行。不过既然是他自己的事迹报告,就要有他自己的讲法。

所以郭明义坚持所有的事迹材料都要由他自己编写,说的也都是大实话。郭明义名为演讲,实际上更像是去"探亲"。到了一个地方,他一不问日程安排,二不问当地特产,而是立刻翻开小本子查找人名住址,看看有没有需要他帮助的人,看看有没有资助的干儿女在这儿生活。每到一地,他都把事迹报告会变成了献爱心动员大会,就地为困难的孩子寻求帮助。或许,这才是他心里最惦记的事情……

郭明义说到做到。在先进事迹报告会的第一站北京，郭明义有生以来首次成为人民大会堂报告厅的主角。他做了一场题为"做一个有益于人民的人"的报告，用乡音浓厚的鞍山话，说了一个又一个故事。报告厅两侧大屏幕上不断播放的视频和照片，也都取材真实，充满感情。整场报告被21次掌声打断，让听众们的心灵得到了净化。

而在报告过程中，郭明义就提到说，我这次来北京，还要去看看我帮助的两名大学生，给他们送点生活费，我还要去医院看看那个辽宁科技大学患白血病的学生，我心里一直牵挂着他们。

报告结束后，郭明义立刻赶去天津，去探望了殷懿，随后又马不停蹄地回了北京，见到了两个受他资助的孩子，送去了生活费。

而在北京演讲的时候，又发生了一件事，颇令人称道。有一位不愿意透露姓名的民营企业家，在听了郭明义的演讲后深受感动。他派了助手去见郭明义，表态说，要按照这些年郭明义个人的捐款数额，同样捐出12万给郭明义。只不过，这笔钱不能用来资助别人，而是专门给郭明义花的。

捐助人的要求让大家很奇怪，但随后又很感动。那位企业家的助手解释说，他们老总觉得郭明义的生活太简朴了，如今家徒四壁，简直是好人没好报，他要给好人一个安慰，把郭明义这些年捐出去的钱，全都补回来。而且从今以后郭明义捐多少，他就向郭明义捐多少。

公道自在人心，但这不是郭明义想要的。他在了解实情后坚决不收，并且一定要见到企业家本人。助手拗不过他，只能安排见面。结果两人一照面，企业家就再次表态：自己做这些事情和郭明义相比不值一提，希望他能成全。而郭明义的倔脾气也上来了，反复劝说这位企业家，最终说服他跟自己一起奉献社会，并和他成了长久联系的朋友。

后来媒体知道了，也想采访一下这个企业家朋友，可郭明义说，自己已经答应人家不透露姓名了，人家想做无名英雄。而老总的12万元钱，郭明义也按照约定交给了爱心团队，带到了报告会的下一站重庆。

到了重庆后，郭明义按时做了事迹报告。同样的，他在报告会现场就说，我这次来，还想看看我帮助的那名在西南大学读大一的孩子，给她送点生活费。同时还想去黔江区水田乡，给我资助的另一个孩子送去学费。

报告在潮水般的掌声中结束了，可这时候主持人没有按照会议安排进行下去，而是宣布由两名特殊嘉宾上台献花。话音刚落，一个大学生模样的女孩儿领着一个六七岁的小男孩儿，怀抱鲜花走上讲台，他们正是郭明义想要见的人。郭明义在人民大会堂都曾经公开表过态，重庆方面特地记下了，他们是想给他一个惊喜。

老少三人在台上相拥，郭明义现场讲了他们之间的故事，再次让台下观众泪湿衣衫……

随后，郭明义把从北京带来的12万元捐款，全部捐给了水田乡政府，帮助他们建学校。重庆市委宣传部的领导得知了这12万背后的故事以后，当即表态：今后郭明义团队往哪里捐多少，我们就配套补多少。一个君子之约就此达成，后来在郭明义的带动下，鞍钢集团为水田乡捐款50万元，重庆市政府兑现承诺。这百万资金，圆了许多孩子的上学梦。

　　而在报告会结束的第二天，重庆成立了除辽宁鞍山外全国第一支以郭明义名字命名的爱心团队支队——郭明义爱心大队重庆支队。在声声祝福中，郭明义一行离开了重庆，但爱的暖流却依然在这片土地上流淌……

　　细心的人们终于发现，郭明义借助报告会的行程走了一路，也把好事做了一路。乌鲁木齐、西安、南京、济南，他从始至终没有说过半句空话，而是时时刻刻惦记着那些他承诺帮助的人们。不仅如此，更加难能可贵的是，他是一台活的播种机，每到一地，都能播撒爱的种子，并把它培养成幼苗，送给下一个地点需要爱心浇灌的人们。

依然故我

在总书记批示后,随着先进事迹报告团的全国宣讲,以及无数媒体访谈和公益节目,郭明义的名气和威望一溜烟地蹿升。老大出名了,最高兴的是母亲叶景兰,她再也听不到有人说他儿子傻了,取而代之的都是羡慕的目光。有一次她走在街上,被一个七八岁的小孩一把拉住裤脚,人家问她:"你是郭明义的妈妈吗?"叶景兰回答说:"是,你怎么知道的?"孩子说:"我在电视上看过你,你儿子郭明义是模范。"

叶景兰听后特别舒服,自己的儿子不是傻子,而是模范,这个概念已经被所有人认同,甚至已经刻在了不太懂事的小孩子心里。

不过在街坊邻居面前,叶景兰还是几十年前的那句老话:有事找我们老郭家。而更令她高兴的是,出了名的老大跟以前一样,没变,到了渍酸菜的季节,他依然来母亲家,挽起袖子干粗活。好几次说要回家,却左等右等不见人,过一会儿邻居跑来说,你别着急,你们家老大在我们家干活呢,很快就回来。

她也没忘记告诫儿子:有了成绩,千万别骄傲,就像现在这样,好好保持。

郭明义安慰着母亲:"妈,不会的,你儿子不会变。名气再

大我也是矿工的儿子，见着小孩我都打招呼，我最怕的就是大伙远离我。"

郭明义最怕的确实是这个。对于名气，他刚开始的时候确实不适应，也害怕，更曾经犹豫过，但随着在全国各地做好事、讲好事、拉着大家一起做好事，他对于名气的看法发生了变化。常言道，人怕出名猪怕壮，媒体过去也鼓励大家都做无名英雄，但他觉得这种提法有待商榷。他觉得出名没什么不好，但要看含金量。为自己利益出名的话，他不赞成，但为了最广大的社会效益，他愿意出名，而且要出大名。

为此郭明义曾说过："我图名图的是公共利益，图的是向上的力量，图的是一种精神的发扬，我要让我的名字成为爱的品牌……我就要光明磊落地树立自己的形象，我就是我，不为名所累，不为利所诱。"

他还说："今天的中国，价值取向正处在多元化的时代，需要一种道德的力量去影响带动更多的人。如果我是名人，我就能有榜样的价值，去唤起更多人的良知，去做更多的事情，能解决更多的危难。"

唤起更多人的良知，做更多的事情，这是他现在孜孜以求的事情。与其让恶人天天出名，让老百姓天天耳闻目睹坏人坏事，那不如让好人好名发扬光大。接触不同的人群，就会有不同的人生思考，经常接触唯利是图的人，就会把名利金钱看得很重，经常接触困难的群体，就会不由自主想到去帮助他们。一个人的成长离不开社会氛围。

所以郭明义现在不怕出名了，他怕的是大家伙远离他。是呀，这么大的"名人"，做了那么多好事，难免有一种可望而不可即的感觉。要真是让人产生这样的想法，大家觉得难以企及了，就没有动力去学了，那他所做的一切努力就都白费了。为此，郭明义越是出名，就越不敢有半点懈怠。

　　工作服配大头鞋，这就是他几十年来唯一的行头，甚至参加诸如春晚之类的大型节目也一贯如此。就这样，还经常让妻子孙秀英哭笑不得——因为郭明义时常还会把新行头换给工友，穿一身不知道是谁的旧行头回来，给她一个"惊喜"。更让她生气的是丈夫的袜子，补了四五层还舍不得扔，厚得都能当鞋穿了，一跟他提，他还有道理，说厚实，穿着舒服。可要是给他换了新的，没准就又跟哪个工友换了，总之，给郭明义打扮一新就是件根本不可能完成的任务。

　　日常生活中依然故我的同时，让郭明义更加小心的是绝不能因为出名而给自己谋利。

　　2010年6月，在全鞍钢学习郭明义先进事迹的报告会上，鞍钢领导动情地提到了郭明义的生活状况和家里的难处。鞍钢党委书记张晓刚深受触动，当即写了一个条子，上面有两项内容：一是欢迎郭明义的女儿大学毕业后到鞍钢工作，二是奖励郭明义一套住房，改善他家的条件。当时大会的主持人是党委副书记闻宝满，他接到条子以后一高兴，就当众念了出来，会场上一千多人马上响起了雷鸣般的掌声。

　　不过，闻宝满马上意识到不太对劲，他压住大家，讲了几句话，大意是鞍钢不能一个领导说了算，要集体讨论通过才行。谁成想这下竟然捅了马蜂窝，下面的掌声更加整齐而且大声了，那分明是"倒掌"，意思是在起哄：既然答应了，还讨论什么，必须在会上就给出具体说法！

为此，领导班子只能现场做出决定。这下才算是赢得了台下职工发自内心的掌声。大家都觉得郭明义太苦了，有一万个理由让他过得好一些，对此，没有任何人觉得不妥，除了郭明义本人。

说实话，他的家确实"寒碜"了些。地处郊区，只有40平方米的单间，而且还是1988年单位分的老房子，女儿上大学前只能挤到门厅里去睡，卫生间还没有单人沙发大，平时做饭都要挤上阳台。至于室内，水泥地，白灰墙，刷着油漆的木质门窗……

而跟郭明义同等资历的，哪家到现在都有了两套房子，不论大小吧，至少在数量上是起码公平的待遇。

所以，在2011年元旦，鞍钢党委兑现了承诺，奖励给郭明义一套70平方米的住房，考虑到他上班方便，特地选了离矿山很近的地段。当然，党委也留了个"心眼"，奖给郭明义的不是新楼，只不过是没人住过，算是半新，而且没有产权，只有使用权。

这倒不是党委真的抠门，而是领导们怕给新房郭明义不去住，给了产权他把房子捐给别人。这事他又不是没干过，而且经常干，倔脾气一上来，没人拦得住……

可即便这样，钥匙到了郭明义手里仍然是个摆设，他根本就没去看过几眼，理由也很简单：搬家加上装修费用，那得能资助多少个困难孩子啊。

结果经常有工友当着他的面劝他："老郭，你这辈子谁都对得起，就是对不起老婆孩子。"

郭明义就当没听见，而且犟劲还犯了，越是出名，越是该要的他都不要。

如今，郭明义的名气越来越大，成为"双百人物"、感动中国十大人物、全国劳模、全国道德模范、中国国家形象代言人之一,甚至在纽约街头大屏幕每分钟亮相一次。但他还是像从前一样,每天走路去上班,每个月捐一次血小板,定期到邮局去给困难孩子汇款,干儿义女当中有出息的,他知道后就让老婆炒个菜、喝点小酒……

甚至对越来越多的报告会他也觉得有点厌烦:老这么作报告,跟工友在一起的时间就少了,会不会让人误会说自己出了名就不下基层了啊?

为此,他跟孙秀英商量过,是不是找个人代替我去作报告啊!

孙秀英听后嗔怪着说:"你活得好好的,让别人替你讲,不是让人误会你'那什么'了么!"

郭明义回答:"生命就是个过程,我都52岁了,不知道还能活多久,我这前半辈子过得很充实,还真办了不少事儿,就算突然死了,也不遗憾,没白活。"

孙秀英一听就急了:"胡说八道!你死了,我们娘俩怎么办,你那些困难孩子怎么办,谁去给工友张罗事儿呢?"

郭明义听后笑了:"是啊,这还真是问题。看来还真不能死。死了,就不能把学雷锋进行到底了,就不能改变更多人的命运了……"

成名之后的郭明义,依然忘我,也依然故我。

踏实守望

即使出了名,郭明义依然故我,他用这份执著,踏实地守望着心中坚持已久的仁义。他永远离不开的是矿山和他的工友。

十几年来,他都是在工地上跟大伙一起过年。但 2010 年除夕,郭明义应邀去了央视春晚。而那一年,工友们更爱看春晚了,他们说:老郭能代表全国道德模范上春晚,展示咱们矿山人的精神,这在以往都是不敢想的事。老郭上了春晚,就跟我们自己上了一样,真是太自豪了,看着就乐和。

尽管郭明义在镜头前跟全国观众拜年时有点紧张和结巴,工友们不仅没挑理,反而越发觉得他可爱,因为他的朴素没有丢,他紧张是因为有一肚子实话想要说。

事实上郭明义真有"晕镜头"的毛病。从 2005 年他第一次上镜头时就发现自己紧张得一句话说不出来,就算迄今为止,我们见到的所有关于他的影像资料也都是偷拍抢拍,或者事先把他情绪调动得适当了,才能正常拍出来。这跟 30 多年前那个代表新兵发言的年轻小伙子的劲头简直判若两人。但了解他的人知道,郭明义这是更朴实了,他心里没装着那些事情。

2010 年的除夕过后,到了大年初一,值班员张毓春竟然在早晨 5 点钟准时看见了郭明义。他有些激动地问:"你咋这么快又回来了?"

郭明义送上了从北京带回来的拜年礼,然后淡淡地回答说:"还是得工作。两天没到矿上去了,心里老想着生产的事儿,在家我待不住。"

一路走到矿厂,郭明义打了一路招呼,没时间像往年一样给大家包饺子,就送点香烟和糖,依然亲热地和工友们东拉西扯。

乐观的郭明义

难怪张毓春说:"我们了解老郭,老郭也了解我们,他拿我们当弟兄,我们也没拿他当领导、当名人。我们还像从前一样亲密无间。"

郭明义想要守护的第一件东西,毫无疑问就是矿山和他的工友。

鞍钢出了这么一个全国叫得响的大名人,自然格外珍惜。党委副书记闻宝满总想把郭明义的形象打造得更高大,用句时髦的话说,叫"包装公众形象",可每次纠正他的行为举止,都弄得自己哭笑不得。

比如说尊敬领导,郭明义不是不懂礼貌,而是一旦投入到公益事业中,就把别的事情都忘了。全国巡讲的时候,外省的省委领导去看他,都伸出手了,郭明义也不接茬,照样打电话,发信息,联系捐资助学的事情。他还有自己的道理:办实事比见领导重要。

再比如每一次演讲,郭明义都习惯敬个军礼,演讲结束后又要鞠躬致谢。闻宝满就"批评"他:你要么敬礼,要么鞠躬。何况你现在身份不是军人了,而且又不是对军人演讲,不能随便敬

礼。至于致谢的鞠躬，没必要鞠90度，人家都是来听你报告的，这显得过于谦恭了。然而他反复强调的这些礼仪知识根本没用，就连上春晚，人家导演反复排练了那么多次，结果到了全国直播的时候，郭明义一紧张，依然还是老套路。

还比如闻宝满跟他讲，在公众场合讲演的时候，别老哭，憋着点；而且不能动不动就搞诗朗诵、唱歌什么的，太不严肃了，更不要老提钱，你不能走一道说一道啊。

可是他的期待到了郭明义那里就变成了耳旁风，说深了，还要直着脖子犟几句。为此，在郭明义去北京作报告之前，闻宝满就告知过有关领导：他倔脾气上来可得顺着，不然甭管多大领导，甭管在什么场合，他都敢坐火车回鞍山。后来不出所料，到了人民大会堂，郭明义的毛病也没改。

后来郭明义的弟弟还主动"举报"说，还是个全国劳模呢，在家里吃饭见到肉，直接上手去抓。自然，这也愁坏了有关领导，万一参加个国宴什么的……

可渐渐地，闻宝满和领导们却在犯愁中品出了一丝高兴：郭明义不虚伪，更不会变，他的根还扎在齐大山的矿脉里，他还是那个踏实的矿山人。

郭明义守护的第二样东西，就是他的本色和作风。

至于第三样东西，自然是那颗仁义的善心。

成名之后的郭明义说得最多的一句话就是：我就是我，永远是我。过去有人嘲讽他，他没有改变；如今人们追捧他，他仍然没有改变。为此，每一场演讲或者报告最后，他都要加上"我就是我，永远是我"这样一句话。

如今，每天都有全国各地的机构请他去作报告，还有各类媒体想要采访他,对此郭明义总是能推就推。他觉得自己要说的就那么多,剩下的应该是做了。都是些很容易就说清的小事,但把小事坚持几十年就是大事、难事。

实在推不掉的,郭明义就会借机会向别人"兜售"自己的价值观:有怎样的人生追求,就会选择怎样的人生道路;接触不同的社会群体,就会有不同的人生思考。我的生活范围是底层群众,我接触的工友都是一线产业工人,他们都是弱势群体,却也是国家建设的中坚,我为他们谋利益,就是代表着最广大人民的利益。

甚至到了一些重要场合,他的行善之心仍然不变。

2011年1月,郭明义高票当选了人民网"2010年度责任公民"。在出席北京的颁奖会的时候,郭明义见到了与他一起当选的"板凳妈妈"许月华。

许月华年幼父母双亡,12岁时双腿被火车轮轧掉,而她不仅没有自暴自弃,反而学会了用双手拄着板凳走路,不但不用别人照顾,而且37年如一日,照顾了几百名残疾、智障的孩子,人称"板凳妈妈"。

郭明义知道了许月华的事迹之后,感动得流泪。在颁奖现场,郭明义见到许月华拄着小板凳艰难地往颁奖台方向挪动的时候,同为领奖人的他,却在所有工作人员反应过来之前,抢先跑上前去,将许月华抱上了领奖台。从领奖台上下来以后,他又忘了自己也是嘉宾,立刻跑去工作人员那里询问许月华有没有轮椅,如果没有,他愿意为她买一辆。这个问题工作人员也不太了解,于是郭明义的倔劲上来了,直到颁奖典礼结束后,他还在叮嘱主办方一定要帮忙打听,然后联系他,否则他会睡不着觉的……

这一连串的举动触动了在场很多嘉宾。有人感慨地说:之前

看电视时,对郭明义的事迹不是很信服,但今天目睹了一切之后,彻底服了。他把助人为乐当成了一种习惯,完全看不出任何刻意,这种朴素的善良让人感动。

随后,郭明义又参加了中央电视台 2010 年度感动中国人物评选的录制。彩排的时候,主持人敬一丹和获奖嘉宾们聊天,谈到郭明义的时候,为了缓和气氛,敬一丹开起了玩笑说:"郭师傅,我们都觉得你老伴比你的贡献大,这个奖应该颁给她。"

郭明义听后脸红了:"我们都是普通人,真的没做什么,都不够领这个奖。"

看着他一脸认真的样子,敬一丹知道不该开这个玩笑。事实上如果她是鞍钢的职工,就知道这样的玩笑,是绝对不能乱说的,因为郭明义对有求于他的人从来都是十二万分的认真。

当时节目组还特别交代,为了在第二天正式颁奖采访时能够更加真实地展现嘉宾的真实心理状态,彩排的时候一律不谈他们各自的事迹。可正因为如此,却让郭明义在感动中国直播现场闹出了"插曲"。

正式颁奖的时候,在郭明义之前安排的是"最美洗脚妹"刘丽的访谈。初中辍学外出打工的刘丽,靠给人洗脚供弟弟妹妹读上了书,而且还倾囊资助了 37 个困难学生。郭明义觉得刘丽比自己不容易,当场哭得稀里哗啦,结果轮到他的时候,主持人几次打断现场,都没能帮他止住泪水。最后没办法,只好让泪眼蒙眬的郭明义就这么上了领奖台。

全场为此爆发了热烈的掌声。不仅仅是为刘丽、郭明义,更是为了所有感动中国的人。推选委员阎肃当即赋诗一首:

谁言雷锋去，请看郭明义。

人怀热心肠，满腔浩然气。

正是时刻坚持着这份善心，才让郭明义无论到哪里，都做得那么纯粹。随着年龄增长，郭明义也感到了忧愁：献血，他还有三年；退休，他还有八年。怎么在这段时间里作出更多的贡献，是他最大的心愿。

直到如今，还有人在善意地劝他：老郭，你现在可以了，靠你的名誉，靠人们对你的信任，你可以得到很多很多，别在采场继续走下去了，再走，就真一条道走到黑了。

也有人打死都不相信名满天下的郭明义到如今都还只是个副主任科员，还是矿上硬塞给他的。郭明义也经常听到这样的劝告：老郭，这回可好了，你能升官儿了。

可郭明义却回答说："我不想升官，因为当官了，你就要考虑得太多太多，我是个简单的人，是个还保留着童真的人，不想变得复杂，或者变成另一个人。我能走到今天，感谢我没有当上官，真的。我就是这样的人，喜欢做一条道走到黑的事儿，离开了工友，我会活得很难受。"

有一次，在面对记者柴静的采访时，郭明义说到了这些。面对着摄像机，面对着全国观众，他流着泪说："你会看到我做下去的。"

这眼泪中，有辛酸，有纯真，更有背负误解走过这么多年的释放。但如今，人们理解他，敬重他，这眼泪中，就又多了一份感情——

那就是对未来的庄严承诺。

附录　郭明义光荣榜

1977年1月参军，代表鞍钢参军入伍新兵发言。

1979年，荣获所在师"学雷锋标兵"称号。在这期间，郭明义在部队曾获技术大比武汽车教导员专业理论和实际考试两个第一名；曾因向云南普洱灾区捐款100元而受到当地政府感谢。

1980年6月12日，在部队加入中国共产党。

1982年1月，从部队复员，回到齐大山铁矿汽运车间，成为大型生产汽车驾驶员。同年他所在的机组被命名为"青年文明号"。

1983年5月4日，被评为鞍钢青年精神文明先进个人。其间，在齐大山400余名工友中脱颖而出，以工代干。

1984年4月27日，通过了国家人事部组织的全国统一录用干部考试。

1985年3月9日，考入市委党校大专班脱产学习两年，圆了自己的大学梦。

1985年12月，在团支部书记（负责人）任期内，带领所在团支部成为齐大山铁矿标杆团支部。

1987年1月，调到矿宣传科任理论干事，任职期间发表了100多篇作品和稿件；撰写的党课教案在矿山公司的评比中获得一等奖。

1991年2月，通过国家统计员考试，获得任职资格。

1993年，齐大山铁矿扩建工程开工，郭明义被调入扩建工程建设指挥部办公室工作，负责33台154T电动轮组装的现场翻译和资料翻译。其间，他为企业挽回10万美元的损失。

1998年，获评鞍钢矿业公司先进生产者。

2000年至2001年，连续两年获评齐大山铁矿标兵。

2000年至2002年，连续三年获评鞍钢集团公司先进生产者。

2001年，获评鞍钢精神文明建设标兵。

2002年至2005年，连续四年获评齐大山铁矿先进生产者。

2002年，获评鞍钢优秀共产党员。

2002年，无偿捐献造血干细胞，加入中华骨髓库，成为鞍山市第一批捐献造血干细胞志愿者。

2004年至2005年，连续两年获评鞍钢集团公司先进生产者。

2005年，获评矿业公司先进生产者。

2006年，成为鞍山市第一批遗体和眼角膜捐献志愿者。同年获评齐大山铁矿优秀共产党员、鞍钢优秀共产党员。

2006年至2009年，连续四年获评矿业公司模范共产党员。

2007年至2009年，连续三年获评齐大山铁矿模范共产党员。

2007年，获评鞍钢优秀共产党员。

2007年12月，获得鞍山市慈善总会优秀义工的称号。

2008年3月4日，"郭明义爱心团队"成立。这是鞍山市第一个以参加希望工程捐资助学活动为目的的民间组织。

2008年6月25日，与30名志愿者到鞍山市中心血站为北京奥运会献血，每人获得一枚"奥运生命"奖章。

2008年7月1日，齐大山铁矿党政工联合下发文件，在全矿

开展向郭明义同志学习活动。

2008年11月，荣获"全国红十字志愿者之星"和"全国无偿献血奉献奖金奖"荣誉称号。

2008年12月，被鞍山市精神文明建设指导委员会授予鞍山市"道德模范"荣誉称号。

2009年4月，发起成立了鞍山市第一支红十字志愿者服务队和红十字志愿者急救队。郭明义成为这两支队伍的首任队长。

2009年8月14日，由郭明义发起的郭明义敬业奉献团队正式成立。

2009年8月23日，《工人日报》在头版头条位置刊登了长篇事迹通讯《"钢城"好人郭明义》，并配发了题为《人生角度》的编者感言。郭明义的先进事迹首次在国家级媒体上公开发表。

2009年9月23日，当选为鞍山市无偿献血形象代言人。

2010年1月，当选为2009年度感动鞍山十大人物。

2010年1月29日，获辽宁省希望工程突出贡献个人奖。

2010年2月8日，被评为鞍钢劳动模范。

2010年2月9日，郭明义无偿献血志愿者应急服务大队成立。

2010年3月5日，郭明义爱心团队被鞍山市精神文明建设指导委员会授予鞍山市2009年度学雷锋先进集体。郭明义爱心团队是唯一来自企业的集体，也是鞍钢唯一获此殊荣的集体。

2010年3月5日，新华社向全国播发了题为《鞍钢一职工53次无偿献血感动民众激起"爱心传承"》的郭明义先进事迹通稿。

2010年3月12日，矿业公司郭明义青年志愿者服务队正式成立。雷锋生前战友乔安山与郭明义见面，并和他一道为矿业青年志愿者服务队授旗。

2010年4月29日,被授予鞍山市特等劳动模范称号。

2010年6月14日,被授予鞍山市无偿献血先进个人荣誉称号。

2010年6月25日上午,发起成立辽宁省首个遗体(器官)捐献志愿者俱乐部。

2010年6月,获评中央企业优秀共产党员。

2010年8月1日,中共中央总书记、国家主席胡锦涛作出批示,号召全国学习郭明义。

2010年8月4日,中共鞍山市委员会作出关于开展向郭明义同志学习活动的决定,向全市发出向郭明义同志学习的号召。同日,辽宁省红十字会作出了《关于开展向郭明义同志学习活动的决定》。

2010年8月11日,辽宁省总工会授予郭明义同志辽宁省"五一"劳动奖章荣誉称号。

2010年8月16日,中华全国总工会授予郭明义同志全国"五一"劳动奖章荣誉称号。

2010年8月21日,郭明义被授予省"五一"劳动奖章。

2010年9月17日,新华社开始向全国播发郭明义同志先进事迹的通稿。

2010年9月18日,中央电视台、中央人民广播电台、人民日报社等中央媒体开始连续三天全面报道郭明义同志的先进事迹。

2010年10月11日,郭明义同志先进事迹报告会在人民大会堂隆重举行。

2011年1月8日,参加人民网举行的年度人物颁奖仪式,郭明义荣获十大责任公民、十大最受欢迎嘉宾。

2011年2月14日,荣获2010年感动中国十大人物。

2011年3月1日,获评首届中华儿女年度人物。

2011年3月3日,被沈阳军区授予学雷锋金质奖章。

2011年3月24日,获得"致敬辽宁"年度人物。

2012年3月2日,中央精神文明建设指导委员会授予郭明义同志"当代雷锋"荣誉称号。

后　记

　　郭明义到底是一个什么样的人？答案或许永远是矛盾的。

　　郭明义既傻又聪明。傻的是：人家一直嘲笑的事情他美滋滋地去做，傻子的名号伴随了他大半生，为此他在犯傻之时，扑进母亲、妻子怀中流过泪；但他又是聪明的，从小到大在工作的岗位上都能成为先进，并琢磨出常人想不出来的窍门。

　　郭明义既贫穷又富有。贫穷到了家徒四壁，兜比脸干净，经常没钱吃午饭；富有到一个人创造的产值过亿，干儿义女遍布天下，富足无比，享尽天伦。

　　郭明义既没权又有权。没权到工作几十年还只是一个员工，自己指挥自己是常有的事儿；有权到了振臂一呼天下响应，数万人愿意跟着他献血、捐钱、献爱心……

　　要解释这些，其实说复杂很复杂，说简单也简单。"明义"这个名字，就是答案。

　　义这个字，一撇一捺，象征着人生交叉路口，那一点儿，则代表着即将踏上前方道路的人。整个字的意思就是"选择"。

　　说郭明义傻的人，选择的是一条自以为"聪明"的路，人在人云亦云、随波逐流当中，就会犯傻，而人一犯傻，看其余人都傻。

说郭明义穷的人，选择的是一条自以为"富有"的路，人在追名逐利、物欲横流当中，就会贫瘠，精神上一旦贫瘠，看天下都一无所有。

说郭明义没权的人，选择的是一条自以为"霸权"的路，人在尔虞我诈、抢官夺权当中，就会奸诈，而人一旦奸诈，看整个世界都没了真诚。

选择了郭明义的人，要么高尚，要么感动，要么身心康健，要么恍然开悟，总结起来，就是幸福。这些人，都可以称得上好人。

人好到什么程度，要取决于他选择了什么道路，以及用一种什么样的信念走下去。为什么郭明义感动了那么多人，为什么大半辈子没做过半点惊天动地的大事的小人物能成为整个国家的道德标杆？

归根结底在于他的选择。每逢人生关口，他选择的都是那个时代的核心价值观，那个时代最缺乏的东西。童年时代，他选择继承了父辈朴实仁义的家风；青年时代，他选择爱岗敬业、本分工作；中年时代，他选择坚守人们渐渐淡忘的雷锋精神；而到了新时代，和谐社会和团队协作的理念呼唤英雄振臂一呼，已经活了大半辈子的他又再次冲到了最前面。

人性都是善良的，但缺少的是一个带头传播善良的人。郭明义用他的选择，发挥了时代英雄人物的作用，在不知不觉间，引领人们向善而行。这个过程，必然充满艰难险阻，充满痛苦委屈，也必将伴随心灵富足、伴随敬仰尊重。郭明义爱哭，一部分是因为这一路走来很苦，更大一部分是因为这一路走来，他爱这世界爱得深沉……

郭明义经常说的一句话是：我就是我，永远是我。说起来容易，其实能够坚持自己的选择，是需要无比的勇气和智慧的。

推而广之地探讨，如今这个社会，"郭美美"、"小悦悦"事件频出，人们不禁要问：中国怎么了？中华民族怎么了？其实不必多问，因为善恶的观念古来有之，善恶的标准也从未改变，改变的只是人们面临善恶时如何选择。

为此，总需要有那么几个智慧勇敢、兼具信仰的人站出来，感动大家最终去选择善。郭明义，一个当代的好人，风雨无阻地锤炼自己，终于迈进了大爱无疆的境界。这才是他对于现在这个社会的重大意义，才是这个时代永远的主题。

最后，要特别感谢话剧及电影《郭明义》的作者黑纪文老师，以及传记文学《郭明义》的作者周建新老师。二位老师在本书成稿过程中不辞辛劳提供资料，指导细节，使作者受益颇多，特此一并致谢。

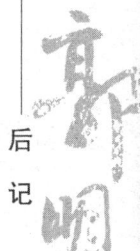